교실 속
변화를 꿈꾸는

기적의
수업멘토링

교실 속 변화를 꿈꾸는 기적의 수업 멘토링

(최고의 교사를 만드는 행복한 교과서)

[행복한 교과서®] 시리즈 No.06

지은이 | 김성효
발행인 | 홍종남

2013년 11월 28일 1판 1쇄 발행
2014년   3월 1일 1판 2쇄 발행
2015년   1월 23일 1판 3쇄 발행
2016년   7월 17일 1판 4쇄 발행
2018년   6월 10일 1판 5쇄 발행(총 8,000부 발행)

이 책을 만든 사람들
책임 기획 | 홍종남
북 디자인 | 김효정
교정 교열 | 좋은글
출판 마케팅 | 김경아

이 책을 함께 만든 사람들
종이 | 제이피씨 정동수·정충엽
제작 및 인쇄 | 천일문화사 유재상

펴낸곳 | 행복한미래
출판등록 | 2011년 4월 5일. 제 399-2011-000013호
주소 | 경기도 남양주시 도농로 34, 부영e그린타운 301동 301호(다산동)
전화 | 02-337-8958   팩스 | 031-556-8951
홈페이지 | www.bookeditor.co.kr
도서 문의(출판사 e-mail) | ahasaram@hanmail.net
내용 문의(지은이 e-mail) | sabana@jbedu.kr
※ 이 책을 읽다가 궁금한 점이 있을 때는 지은이의 e-mail을 이용해 주세요.

ⓒ 김성효, 2013
ISBN 979-11-950214-3-7
〈행복한미래〉 도서 번호 024

교실 속 변화를 꿈꾸는

기적의 수업멘토링

최고의 교사를 만드는 행복한 교과서

김성효 지음

행복한미래

최고의 교사는
수업으로 말한다!

새내기 교사, 수업을 시작하다

16년 전 어느 추운 봄날, 나는 100여명의 아이들 앞에 떨며 서있었다. 왜 그렇게 떨렸는지 모르겠다. 얼마나 떨었는지 마주 잡은 두 손이 꽁꽁 얼어 있었다. 마지 내 자리가 아닌 것 같은 낯선 느낌이었다. 미처 마음을 나잡을 새도 없이 교장선생님이 나를 소개했다.

"우리 학교에 새로 오신 선생님입니다"

힘차게 박수치는 아이들에게 고개를 숙이는 순간, 드디어 교사가 되었구나 하는 생각에 가슴 깊이 설렘이 밀려왔다. 길고 지루했던 임용고시를 준비하던 시절과 교대 아닌 다른 대학에서는 결코 다루지 않을 뜀틀, 피아노 반주, 수채화, 과목별 교육론을 배우던 것이 머릿속에 스쳐갔다.

한 학년에 한 반 뿐인 작은 시골 학교에서 3학년 담임이 된 것과 함께 생활 업무가 배정되었고, 풍물반 지도가 맡겨졌다. 교사로서 해야 하는 일이 수업 말고도 많다는 것을 그때 처음 알았다. 매일 교육청에서 공문을 보낸다는 것도 처음 알았고, 그 공문을 다른 누구도 아닌 내가 처리해야 한다는 사실도 처음 알았다. 처음 알게 되는 사실이 너무 많아서 교생 실습에서는 왜 이런 걸 가르쳐주지 않았을까, 생각하기도 했다. 하지만 그런 생각도 잠시 나는 내가 맡은 23명의 아이들을 위해 교과서를 펴야 했다.

아이들을 가르치는 일은 즐거웠다. 나에게 '우리 선생님'이라고 부르는 아이들이 23명이나 있다는 게 그렇게나 신 날 수 없었다. 내게는 첫사랑 같은 아이들이어서 나는 그 아이들을 떠올리면 가슴 한 구석이 지금도 뭉클하다.

그러나 고백하건대 교사로서는 미숙하기만 하여, 아이들을 어떻게 지도해야 하는지 감을 잡을 수 없어 수업 시간은 항상 소란스러웠고, 교과서는 제대로 가르치지도 못했다. 그럼에도 불구하고 수업 시간이면 서로 발표하겠다고 경쟁을 벌이는 아이들을 보면서 활발하고 열띤 수업 분위기에 내가 더 신 났다.

수학 시간에는 레크리에이션 책에서 보고 온 숫자 게임과 각종 박수게임을 반복했고, 국어 시간에는 꽃 전설 책을 읽어주거나 스무고개 놀이를 했다. 사회 시간에는 아이들과 학교 곳곳을 누비면서 개구리도 잡고 풀피리도 만들었다.

학습 내용과 수업 활동이 별 관계가 없어도 아이들이 재미있어하고 나 스스로 만족했기 때문에 잘 하고 있다고 여겼다. 아이들이 소란스럽고 집중하지 못하는 것, 몇 몇 아이들에게서 학습부진이 심해지기 시작하는 것 등이 마음에 걸릴 때도 있었지만, 아이들이니까 얼마든지 그럴 수 있다고 생각했다.

새내기 교사, 수업에서 좌절을 맛보다

내 수업이 어딘가 크게 잘못되었다고 느낀 것은 그렇게 몇 달이 흐른 어느날이었다. 그날도 점심시간에 아이들과 학교 연못 근처에 앉아서 물 위를 한가롭게 떠다니는 물방개를 보면서 나는 내 곁을 둘러싼 아이들의 사랑과 관심을 즐기고 있었다. 문득 아이들에게 내 수업에 대해 묻고 싶어 졌다.

"선생님 수업 어때?"

"진짜 재밌어요"

"오늘 수업 중에는 뭐가 제일 재밌었어?"

그런데 뜻밖에도 아이가 답을 하지 못 하고 머뭇거렸다.

"아, 그게, 생각이 잘 안나요"

선뜻 대답이 나오지 않자, 나도 모르게 조급해져 이렇게 말했다.

"너 아까 수학 시간에 재미있다고 막 소리 지르고 그랬잖아?"

"네, 재밌었어요. 근데 사실은 뭘 배웠는지 하나도 모르겠어요"

아뿔싸!

그때 내 머릿속을 스치고 간 세 글자가 바로, '아뿔싸'였다. 아이들이 뜨악한 표정의 나를 보고 얼른 한 마디 덧붙인 말은 "그래도 재미는 있어 요"였다. '그래도 재미는 있다'고 말하면서 환하게 웃는 아이들을 보면서 그 순간 내가 느꼈던 좌절감은 이루 말할 수 없이 컸다. 어디가 잘못되었을 까? 밤새 고민했다. 고민 끝에 내린 결론은 하나였다. "수업을 바꿔야 한다"

새내기 교사, 상상 공개수업을 시작하다

막상 수업을 바꾸겠다고 마음은 먹었지만 당장 무엇을 해야 할지도 모르겠어서 다음 날 새벽 첫 차를 타고 출근했다. 그리고는 아무도 오지 않은 빈 교실에 우두커니 한참을 앉아 있었다. 춥고 외로웠다. 무엇부터 해야 할까 고민하다가 펜을 들고, 수업을 바꾸기 위해서 내가 할 수 있는 일을 종이에 하나씩 적어 내려갔다.

아침 일찍 출근하기, 아이들에게 수업에 대해 자주 물어보기, 매일 수업 반성하기, 가르치기 전에 교과서 읽어보기, 지도서 공부하기, 등등을 빼곡하게 적은 다음 종이에 적힌 리스트를 소리 내어 읽었다. 그리고 한참을 머뭇거리다가 하나 더 적었다. 수업안 짜서 공개 수업하기. 수업을 바꿀 수 있는 가장 좋은 방법이라고 생각했기 때문이다. 그런데 문득 생각해보니 공개할 대상이 없었다. 누가 새내기 교사 수업을 매일 와서 봐주겠는가. 그래서 그 옆에 작게 괄호를 하나 더 그렸다. (혼자서).

최선을 다해 부지런 떨면 아침에 몇 시간의 여유가 있었기 때문에 매일 한 과목씩 수업안을 짜고, 보이지 않는 방청객이라도 앉아 있는 것처럼 떨면서 아이들 앞에 서는 날들이 시작됐다. 하루에 한 시간은 바짝 긴장한 표정으로 수업을 했기 때문에 아이들이 무슨 일 있냐고 물어볼 정도였다.

그렇게 나름 비장한 각오로 아이들 앞에서 공개수업을 한 다음은 피드백 자료로 수업일기를 썼다. 처음엔 아무 틀도 없었지만 꾸준히 쓰면서 조금씩 수업일기의 틀이 잡혀갔다. 수업 시작, 학습목표, 활동 내용 및 정리에 이르기까지 그날 했던 상상 공개 수업에 대한 모든 것을 적었다. 아무도 코칭해주지 않는 수업이었기에 수업일기에 눈물이 떨어지기를 수없이 거듭했다.

그때는 다달이 나오는 수업안 모음집이 있었다. 당시 수업안 작성에 참고할 수 있는 몇 안 되는 귀한 자료였지만 내게는 별 도움이 되지 않았다.

우리 반 아이들 수준에 맞지 않았고, 더욱이 새내기 교사인 내 수준에도 맞지 않는 어려운 자료가 대부분이었다. 결국 그런 자료들은 다 집어치우고 지도서와 교과서만을 놓고 씨름할 수밖에 없었다. 그때 너덜너덜해질 때까지 읽고 또 읽던 지도서와 교과서는 내게 보물단지와 다름없었다.

그러나 아이들은 여전히 시끄러웠고 수업에 쉽사리 집중해주지 않았으며, 왜 전처럼 놀이와 게임을 안 하냐고 성화였다. 아이들이 투덜거릴 때마다 마음이 약해지곤 했다. 마냥 재밌고 신날 거라고 생각했던 교사의 삶이 장밋빛 환상이었다는 것을 깨닫게 된 것도 그즈음이었다.

그래도 포기하지 않고 혼자 하는 상상 공개 수업은 꾸준히 이어졌다. 수업안을 짜고, 발문을 연습하고 상상공개수업의 리허설까지 하느라 아침 시간은 늘 분주했다. 실제로는 아무도 없지만 교실 뒤에 참관인들이 빽빽하게 늘어선 것을 상상하며 상상 속 공개 수업을 매일 했던 그때, 나는 많이 외로웠다. 학교 안의 다른 이와 소통이 없이 지낸 그 시절은, 그래서 시행착오의 연속이었다.

새내기 교사, 수업을 통해 성장하다

그럼에도 불구하고 점차 시간이 흐르면서 나는 느낄 수 있었다. 내 자신이 수업을 통해서 서서히 성장하고 있고 아이들 역시 천천히 변화하고 있음을. 교실 밖의 그 누구도 몰랐지만 나는 느낄 수 있었다. 아이들은 친구의 의견을 귀 기울여 듣기 시작했고 다른 사람이 다 말할 때까지 기다려주었다. 친구의 공부를 도와주었고 서로 생각을 모아 더 좋은 의견을 찾아냈다.

나는 아이들의 눈빛을 하나하나 들여다보기 위해 노력했고, 아이들이 좋아하는 것, 싫어하는 것, 수업 시간에 어떤 표정을 짓는지, 어떤 글씨를 쓰는지 알게 됐다. 그리고 수업에는 보물지도처럼 극적인 반전이란 없고, 다만 노력한 만큼 천천히 성장해가는 것이란 걸 깨닫고 있었다.

중구난방 어수선하기만 하던 학급도 서서히 자리가 잡혀갔다. 마침 여름 방학에 『365일 열린 교실을 위한 학급경영』의 저자 정기원 선생님(현 기독교대안 밀알두레학교 대표)의 학급경영연수를 집중적으로 받고 나서 학급 운영에 대한 어느 정도의 체계가 잡힌 다음이었다. 학급을 잘 운영하고 수업을 잘하려면 학생을 깊이 이해해야 한다는 것이 그 때 내가 막연하게나마 느꼈던 좋은 수업, 좋은 교사에 대한 감(感)이었다.

그 후로 학교를 옮겨 2개 학년을 합해 7명뿐인 복식학급을 가르치기도 했고, 50명 가까운 아이들을 한 반에서 가르치기도 했다. 남녀 성비와 학생 수준이 고르고, 학부모의 열정이 더해져 최적의 수업 요건을 갖춘 전주교대군산부설초등학교에서 5년 동안 백여 명의 교생들을 만나기도 했다. 이렇게 다양한 수업을 통해 나는 꾸준히 성장해왔고 이 모든 것이 바로 지금의 나를 만든 값진 시간들이다.

우리 곁의 위대한 교사들에게 배우자

그 시절 나는 미숙한 내 자신이 싫었고 때로는 교사로서의 생활이 견딜 수 없이 외로웠다. 아마 지금 어딘가에도 그 시절의 나와 같은 고민을 하는 이가 분명 있을 것이다. 나는 그들에게 비슷한 시기를 누구나 거친다고 말해주고 싶다. 그러니 좌절하거나 용기를 잃지 말고, 고개를 들어 눈앞의 산을 당당히 마주 보라고 어깨를 두드려주고 싶다.

원고를 집필하면서 읽은 어느 책에 '교수부진'이라는 용어가 있었다.

가슴이 쓰렸다. 아이에게 학습부진이 있다면, 교사와 학교 역시 그럴 수 있다. 하지만 나는 교사로서 아이들 앞에 서기 위해 가져야 하는 첫 번째 마음가짐이 '용기'이며, 두 번째는 바로 '자신감'이라고 믿는다. 부족한 것은 배우면 된다. 우리 곁에는 우리가 미처 알지 못하는 위대한 교사가 많기 때문이다.

"교과서에 줄을 칠 때는 반드시 자를 사용해야 돼. 왜냐하면 줄을 반듯하게 긋는 것만으로도 아이들은 생각을 하게 되거든"

"사물함에 가방을 넣는 게 좋아. 가방을 비운 다음 반으로 접으면 돼. 아이들은 활동하기 편하고, 교사는 아이들에게 다가가기 편하지"

"노는 것을 노는 것으로 끝나지 않게 반드시 정리하는 시간을 갖는 거야. 그래야 놀면서도 배운 것이 있다는 걸 깨달을 수 있어"

이런 이야기를 해주던 분 모두 훌륭한 교사였다. 마음을 열고 귀 기울이면 교장, 교감선생님처럼 경험이 많은 학교 관리자들과의 대화에서도, 동료 교사들과의 수업 협의나 선배 선생님들의 경험을 통해서도 우리는 많은 것을 배울 수 있다.

어떤 교사도 홀로 성장하지 않으며, 아무리 훌륭한 교사도 수업의 십자가를 혼자 다 짊어지고 갈 수 없다. 그러나 서로 장점과 노하우를 공유한다면 학교는 빠르게 변화하고, 교사들은 좀 더 쉽게 수업의 어려움을 해결할 수 있을 것이다.

『수업 멘토링』은 바로 당신을 위한 책이다

오래전부터 나와 같은 방황을 하고 있을 후배들에게 도움이 되는 글을 쓰고 싶었다. 아이들이 자꾸 말썽을 부려 수업에서도 자신감을 잃었거나,

업무가 너무 많아서 교과서도 제대로 못 가르치고 있거나, 자신이 질문하고도 뭐라고 물었는지 모르거나, 수업 자료를 매일 인터넷에서 다운 받아 편집해서 가르치거나, 내 수업에는 철학이 없다고 생각하는 이들……. 이 책은 바로 그들을 위한 책이다.

소박하지만 내가 알고 있는 것을 나누는 마음으로 수업에 대한 고민을 어떤 식으로 해결해왔는가 적었다. 지금의 내가, 16년 전의 새내기 교사 김성효를 만난다면 뭐라고 조언해줄 것인가 생각하면서 썼기 때문에 빼거나 더하는 것 없이 진솔하게 쓰고자 노력했다.

그래서 이 책은 교단을 먼저 지나온 선배 교사의 노하우이고, 때로는 눈물겨운 고백이다. 후배들이 이 책에서 '답'이 아니라 '답을 찾는 열쇠'를 발견하기 바란다. 가장 좋은 답은 언제나 자신 안에 있고, 답을 끄집어내는 힘을 가졌는지 그렇지 않은지가 중요하기 때문이다.

제 아무리 타고난 교사라 해도 어느 수준에 다다르기까지는 실수를 거듭한다. 그러나 옆에서 함께 고민하고 격려해주는 멘토가 있다면 그 멘토링에 힘입어 좀 더 쉽게 길을 헤치고 갈 수 있을 것이다. 이 책이 후배들에게 바로 그런 멘토가 되길 마음 깊이 소망한다. 또한 선생님들의 수업을 바꾸는 작은 기적이 이 책을 통해 시작되길 바란다.

이 책은 교사들과의 인터뷰로 만든 책이다

그동안 몇 달에 걸쳐 전남, 전북, 광주, 제주, 충남, 서울 등 여러 지역 수십 명의 선생님에게 수업에 대한 고민을 인터뷰했다. 수업에 대해 멘토링이 필요하다 생각하는 부분을 집중적으로 물었고, 그 대상은 주로 새내기 교사부터 4년 이하의 저경력 교사들이었다.

그들은 큰 학교, 작은 학교, 농어촌 학교, 도시 학교 등 다양한 곳에서 근무하고 있었다. 도시 학교와 농어촌 학교 선생님의 고민이 달랐고, 소규모 학교와 대규모 학교의 교사가 느끼는 고민이 또 달랐으며, 새내기 교사들과 4년차 교사의 고민도 달랐다. 아이들을 어떻게 통제할 것인가 하는 문제가 새내기 교사들의 주된 고민이었다면, 4년차 교사들은 어떤 수업이 좋은 수업인가, 창의성 수업이 무엇인가, 어떻게 해야 좋은 질문인가와 같은 것을 물었다.

새내기 교사들이 부진학생 지도를 가장 크게 고민하고 있었기 때문에 책의 많은 부분을 할애했다. 이 부분은 특별히 정신건강의학과 전문의(전남 로뎀 신경정신과 원장 김연주)에게 감수를 거쳐 ADHD이면서 학습부진인 학생들에 대한 기본적인 이해를 돕고자 했고, 그동안 해왔던 학습부진 지도의 방법과 교수전략들을 자세하게 소개했다. 후배 선생님들에게 미약하나마 도움이 되길 바란다.

그 누구보다 수업을 잘 하고 싶고, 수업에 대해 뜨거운 열정을 가진 그들에서 나 역시 많은 것을 배울 수 있었던 값진 시간이었다. 책 중간 중간 다른 선생님들 수업 사진도 함께 실어보았다. 선생님들이 서로를 응원해주었으면 좋겠다.

함께 가자, 우리 이 길을!

우리가 기억하는 좋은 선생님은 사랑과 애정을 갖고 아이들을 늘 따뜻하게 이해해준 선생님이었고, 그 선생님이 했던 수업이야말로 가장 좋은 수업이었다. 학생을 내 수업에 빠져들게 하고 싶다면 아이들에게 다가가서 그들의 눈높이에서 눈을 맞추고 웃는 교사가 되는 것이 먼저다.

교사의 수업 기술이 아무리 훌륭해도 아이들을 사랑하지 않는다면 그건 좋은 수업이 아니다. 아이들과 수업을 통해 웃음과 기쁨으로 만나는 교사라면 이미 좋은 교사라고 나는 마음 깊이 믿어왔다. 아이들에 대한 사랑을 품고, 아이의 눈으로 세상과 수업을 보려는 노력을 할 수 있다면, 그리고 그 위에 기본 역량을 든든하게 갖춘다면 누구든 분명 최고의 교사로 거듭날 것이다.

그래서 이 책의 처음부터 끝까지 흐르는 신념은 바로 사랑과 용기다. 아이들에게는 사랑을 품고, 교사 자신은 가르칠 수 있는 용기를 갖길 바란다. 수업에 대해 이야기하면서도 법칙이나 기법으로만 쉽게 접근하지 않은 이유가 우리가 만나는 대상이 어린이들이기 때문이다.

수업이 철학으로만 끝나서도 안 되고, 현실적인 기법으로만 끝나서도 안 된다고 생각했기 때문에 이 책은 교사의 기본적인 역량을 갖추는 것과 수업을 보는 올바른 철학이 만나는 교차점에 놓여 있다.

이제 우리 모두는 언제나 기억해야 할 것이다. 내가 가는 이 길이 곧 깊고 푸른 옹달샘이 숨어 있는 숲에서 가장 아름다운 길이며, 나와 함께 많은 이들이 걷고 있음을 말이다.

교사들이여, 함께 가자. 우리 이 길을!!

지은이 김성효

3 교사가 수업에서 넘어서야 할 세 가지 벽

좋은 수업을 위해
잊지 않아야 할
여섯 가지 키워드

1

신뢰와 공감,
수업의
문을 여는
두 개의 열쇠

1

 좋은 수업을 위해 학급은 어떤 분위기여야 할까?

밝혀진 바에 따르면 인간에게는 다른 사람의 감정을 살필 수 있고 행동을 흉내 낼 수 있는 미러 뉴런(Mirror Neuron)이 있다고 한다. 일반적으로 18개월이 넘어가는 아이들은 상대의 감정을 살피고 읽을 수 있다고 하니, 사회화 과정 중 가장 첫걸음은 바로 다른 사람의 감정을 읽고 마음을 함께 하는 것이라 하겠다.

공감하는 능력은 사회에서 살아가기 위해 누구나 갖추어야 하는 필수 요소이므로 어떤 아이든 시간이 지나면 공감하는 태도를 자연스럽게 갖게 된다. 사람이 다른 사람과 어울려 살아갈 수 있는 것은 이렇게 다른 사람의 감정을 공유하기 때문이다. 그렇기 때문에 서로에게 공감하고 함께 생각하는 시간을 갖는 것이야말로 수업의 시작이자 완성이다.

교사와 학생은 서로를 깊이 이해하고 있어야 하고, 배움이 어떤 것인지 함께 고민해야 한다. 진지하게 학습에 참여하는 태도, 친구의 말에 귀 기울이고 나와 다른 생각을 존중하는 자세야말로 수업에서의 공감이다.

그러기 위해 교사와 학생 사이의 관계가 원활해져야 하고 서로를 믿고 이야기할 수 있는 분위기가 필요하다. 우리 선생님은 어떤 이야기든 들어줄 수 있다고 믿을 때 아이들은 자연스럽게 자신의 생각을 확장시켜 나가고 창의성을 발휘하지만 그렇지 않은 아이들은 수업 시간에 침묵하기 쉽다. "말해봐야 들어주지 않아"라고 아이들이 생각하기 시작하면 그 수업에는 침묵만 흐를 뿐이다.

그러므로 공감만큼 중요한 것이 바로 신뢰다. 아이들끼리 서로를 믿고 함께 하려는 마음을 갖는가, 그렇지 않은가 하는 것은 수업에 있어서 학생들의 수업 참여를 결정짓는 요인이 되기도 한다. 그래서 아이들의 의견을 이해하고 주의 깊게 받아들여 이해하고자 노력하는 공감과 신뢰의 태도는 좋은 수업을 위해 교사에게 무엇보다 먼저 필요하다.

"그렇게 생각할 수도 있구나"

"나는 네 생각에 동의해. 왜냐하면……"

"네가 말한 의견이 어떤 부분은 옳다는 것을 알아. 그런데 이 부분은 한 번 더 생각해보면 좋겠어"

위와 같이 이야기해주면 아이들은 수업에서 당당해진다. 교사의 '그렇게 생각할 수도 있다'는 말 한 마디, 친구들의 '나는 네 생각에 동의해' 한 마디면 아이들은 수업에서 기죽지 않는다.

교사는 아이들이 저마다 자신감과 긍지를 가질 수 있도록 평소에 다양한 재능을 칭찬해주어야 한다. 그러한 교사의 생각과 태도가 학급의 분위기를 따뜻하게 이끌어간다. 누구나 똑같이 귀중하고 아름다운 존재라는 것을 인식할 때 아이들은 다른 사람의 의견에 귀 기울인다. 자칫 공부를 잘 하는 아이가 모든 것을 잘 하는 것처럼 오해하기 쉬운 우리의 교육 현실에서 가장 필요한 것은 모든 사람은 저마다 다른 재능을 갖고 태어난 소중한 존재라는 인식일 것이다.

공감과 신뢰를 쌓기 위해 가까이에서 아이들 이야기를 들어주고 웃으면서 반응해주어야 한다. 교사는 한 번 웃지만 삼십 명의 아이들이 따라서 미소 지을 것이다.

▼ 우산초 박은송 선생님 수업사진

경청은
가장 큰 배려다

2

🔊 '경청'이 왜 중요할까?

2013년 프랑스, 이탈리아, 영국의 초·중·고교의 수업을 참관하는 기회
가 있었다(교육부 주관 창의·인성유공교원 해외연수). 나라마다 수업의 특색을 느
낄 수 있었는데, 그 중에서도 프랑스의 음악 수업이 무척 인상 깊었다.

아이들마다 시창, 합창, 합주 등 원하는 영역을 선택하여 수업하고 있
었는데, 그 어떤 교실에서도 잡담을 하는 학생이 보이지 않았다. 실로 놀라
울 따름이었다. 우리 아이들은 교사가 뭐라 말하기 전에 이미 악기를 두드
리고, 발을 구르고, 노래를 부른다. 교사 역시 음악 시간에 다소의 소란은
감수해야 할 것으로 생각한다.

하지만 프랑스에서 본 음악 수업은 그렇지 않았다. 지역 출신 예술가들
이 교사로 활동하고 있었는데, 교사의 지시에 따르지 않고 먼저 노래를 먼

◀ 프랑스 꽁셀바투아르 음악 수업

저 부르거나 악기를 두드리는 아이 역시 한 명도 없었다. 말을 하더라도 친구의 귀에 대고 속삭이듯 말하기 때문에 그 어떤 아이 목소리도 바로 뒤에 서 있는 내 귀에는 들리지 않았다.

수업이 시작되자 교실 안은 더욱 조용해졌으며, 교사의 시범을 따라하면서 아이들은 합창 수업에 몰입했다. 아이들은 함께 노래를 부르다가 교사의 손짓 하나에 입을 다물고 교사를 응시했다. 큰 소리를 내는 것도 아니고, 야단을 치는 것도 아닌데 어떻게 그렇게 쉽게 집중한단 말인가. 우리 아이들도 그렇게 조용히 수업에 집중할 수는 없는 것인가. 소용하면서도 아이들이 자유롭고, 교실은 교사의 영향 아래 있을 수 있다는 게 적잖은 충격이었다.

좋은 수업을 위해 학생에게 가르쳐야 하는 기본 규칙은 수없이 많지만 그 중에서도 단연 중요한 것이 '듣기'다. 이는 나의 의견을 말하기 이전에 듣는 것을 먼저 배워야 한다는 뜻으로 사실 국어 교육에서도 그래서 듣기를 가장 먼저 다룬다. 듣는 능력이 발달한 후에야 말하기가 가능하고, 말하기가 되어야만 읽기가 되며, 읽기와 말하기, 듣기가 모두 제대로 발달한 학생들만 글을 쓰는 능력을 갖기 때문이다.

아이들에게 남의 의견을 조용히 듣고 그 다음 차례를 기다려 말하도록 가르쳐야 한다. 수업 시간에도 다른 이의 의견을 중간에 가로막고 내 의견을 말하는 일이 없도록 해야 하며, 어떤 의견이든 주의 깊게 끝까지 듣는 것을 몇 번이고 반복해서 지도해야 한다. 이 부분을 지도하지 않으면 아이들은 친구는 물론이고 교사가 말하는 중에도 자신이 하고 싶은 말을 불쑥불쑥 내뱉는다.

수업은 교사와 학생이 함께 만들어가는 것이다. 수업에서 학생을 배려하고 이해하는 것이 교사에게 중요한 일이듯이 교사의 지도를 따르기 위해 학생도 함께 노력해야 한다. 교사의 말을 중간에 가로채서 말한다거나 끝까지 듣지 않고 멋대로 판단하지 않도록 해야 하며, 친구의 의견을 주의 깊게 듣고 어떤 부분이 내 생각과 다른지 혹은 같은지 생각해볼 수 있도록 지도해야 한다.

"○○은 ~에 대해 이렇게 생각했구나. 그럼 이 의견에 대해 자신의 의견을 이야기해보자. 반대하는 부분이나 찬성하는 부분에 대해 왜 그렇게 생각했는지 이유까지 같이 말해보자. 왜냐하면 내 생각은 이러이러하니까, 라고 이유를 설명하면서 말해봐요"
라고 짚어주면 아이들이 다른 의견을 아무 생각 없이 듣는 일을 하지 않게 된다.

친구나 선생님과의 깊이 있는 대화에서도 아이들은 성장한다. 교사는 어떤 의견이라도 자유롭게 제시할 수 있는 분위기를 만들고, 의견이 부딪칠 때는 어떤 식으로 조율하는지 토의 방법을 가르쳐주어야 한다. 또한 아이들이 침묵해야 할 때와 이야기해야 할 때를 구분할 수 있도록 지도해야 한다.

보는 것이 곧 듣는 것이다

나는 학생들에게 평소에 말하는 사람을 보면서 듣도록 반복해서 지도한다. "보는 것이 곧 듣는 것이다"라고 지도하며, 말하는 이의 눈을 쳐다보면서 듣도록 한다. 말하는 학생도 어색하게 끝을 흐리면서 이야기하지 않도록 함께 지도한다.

	말하기	듣기
1단계	숨을 고르고 하고 싶은 말을 생각한다. 잘 생각나지 않으면 공책에 단어로 짧게 적은 다음 말하게 하면 어떤 말을 할지 몰라 우물쭈물하는 일이 줄어든다.	상대가 어떤 말을 할지 기다린다. 조바심 내거나 다그치지 않는다.
2단계	말하고자 하는 상대를 본다.	말하는 이를 향해 몸을 돌린다.
3단계	가슴을 펴고 천천히 정확하게 말한다.	말하는 이의 눈을 본다. 교사가 말할 때는 교사를, 친구가 말할 때는 친구를 본다.
4단계	문장의 끝을 분명하게 말하도록 한다.	내 생각과 비교하면서 듣는다.

수업 중 아이들이 이야기할 때는 교사 역시 아이를 향해 몸을 숙이고 다른 누구도 아닌 말하는 아이만을 바라본다. 듣는 이가 몸을 돌려 말하는 이의 말이 다 끝날 때까지 바라보는 것을 시범 보이는 것이다.

듣기를 지도할 때는 몸을 돌려서 친구를 바라보고, 고개를 끄덕이거나 하는 식의 가벼운 공감적 반응을 함께 지도하면 더 좋다. 다른 사람의 의견을 들을 때 고개를 끄덕이는 것만으로도 듣는 태도가 달라지기 때문이다. 그리고 상대와 가까워지기 위해서는 "이야기를 할 때 1번 말하고, 2번 듣고, 3번 고개를 끄덕이라"는 화술의 기본 요령에 대해서도 함께 설명해준다.

이러한 적극적인 듣기가 익숙해질 때까지는 반복해서 지도한다. 경청이나 올바른 말하기도 결국 습관이다. 전체를 대상으로 하는 발표는 물론이고 모둠에서 하는 토의활동도 마찬가지다. 말하는 사람을 보고, 고개를 끄덕이거나 맞장구를 친다든가 혹은 좋은 의견에는 칭찬을 해주도록 지도하면 아이들도 듣기에 적극적인 반응을 보인다. 내가 잘 들어주는 만큼 남도 나의 이야기를 잘 들어준다는 것을 경험으로 배우기 때문이다.

경쟁, 협동과 시너지를 위해 나 자신과 겨루게 하라

3

🔊 수업을 하다 보면 어느 선까지 경쟁을 하게 해야 하는지 모호할 때가 많다. 수업 중에서 경쟁과 협동의 의미란 어떤 것일까?

사회 수업의 한 장면이다.

교사   자, 오늘은 청동기 시대에 대해서 배운 내용을 정리하는 시간이야. 전에 선생님이 설명한 것처럼 오늘은 스피드 퀴즈를 풀겠어요. 모둠별로 돌아가면서 할 건데 1등 모둠에게는 선생님이 준비한 피자 한 판을 상으로 주겠어. 어느 모둠부터 시작할까?

아이들   꼴등부터 시작해요. 1등부터 시작해요. 뽑기로 해요.
        (의견이 제각각이다.)

교사   좋아, 1모둠부터 시작하자. 1모둠 준비됐니? 모두 1열로 서고, 문제 내는 사람은 앞으로 나와. 선생님 옆에서 문제를 내.

화면에는 교사가 준비한 스피드 퀴즈 문제들이 PPT로 제시된다. 모둠원마다 번호가 정해져 있고 한 아이가 문제를 내면 나머지 아이들은 돌아가면서 문제를 푼다. 아이들 사이에서 긴장이 고조되고 문제를 잘 맞히는 아이와 잘 못 맞히는 아이들 사이에서 희비가 엇갈린다. 같은 모둠 아이들끼리는 앞의 아이가 문제를 잘 맞히길 기대한다. 그러나 다른 친구가 문제를 혹 못 맞히게 되면 짜증을 낸다.

수업 시간에 흔히 볼 수 있는 풍경이다. 퀴즈대회가 진행되는 동안 아이들은 다른 모둠의 좋은 결과를 기대하지 않는다. 모둠간의 경쟁에서 밀리지 않기 위해 이 순간 아이들에게는 다른 모둠이 모두 적(敵)이다.

보상은 학생들의 외적 동기를 끌어낼 수 있다. 그러나 외적인 보상과 경쟁에 맛을 들인 아이들은 쉽게 말한다.

"이거 잘 하면 뭐 해줄 거예요?"

대한민국 아이들은 경쟁을 부추기는 문화에서 자란다. 집에서는 형제자매에게, 학교에서는 다른 아이에게 비교 당한다. 우리나라 아이들은 주당 학습 시간수가 세계에서 가장 많다. 전 세계에서 가장 학업성취도가 높은 것도 우리나라다. 가장 많은 시간 공부하고, 가장 높은 학업성취도를 내는 것이다.

공부를 잘하기 위해 경쟁하는 것 말고 다른 방법은 없을까? 있다. 바로 경쟁이 아니라 협동을 택하고, 교육에 관한 모든 것을 바꾼 나라 핀란드의 사례다. 핀란드는 아이들에게 경쟁을 시키지 않기 위해서 초등학교 전 과정에서 성적표를 없앤 나라다. 2012년 핀란드를 방문(전북교육청 주관 창의·인성유공교원 해외연수)했을 때 놀란 것이 평등이 교육 현장에 어떻게 구현되는

◀ 짝과 함께 풀기─배움짝과 함께 공부하는 아이들
모습이 매우 진지하다.

가 하는 것이었다. 핀란드 국민들은 교육에서 남과 나를 비교하고 경쟁하는 것이 아니라, 배움을 기뻐하고 협력 속에 함께 성장하는 기쁨을 알고 있었다. 성적표도 없고 등수도 없지만 핀란드 아이들은 세계 최대의 학습 시간과 선행학습을 하는 한국 아이들을 당당하게 누른다.

경쟁은 나 자신과 겨룰 때 비로소 그 긍정적인 힘을 갖는다. 과거의 나와 현재의 나를 비교하면 남과 비교했을 때의 씁쓸함이 사라진다. 그저 나 자신만을 올곧게 보기 때문이다. 경쟁이 경쟁의 진정한 의미를 갖게 되는 순간이다. 스스로 성장해가는 것을 행복하게 느끼게 해줄 수 있도록 자신의 향상 점수를 매겨보게 하는 것이 너 중요한 이유다.

나와 경쟁하는 아이들은 친구와 손을 잡는 것이 자연스럽다. 친구를 통해서 더 배우는 것이 나의 향상에 도움이 되기 때문이다. 내가 더 잘 하는 게 있는데 굳이 다른 이를 부러워할 필요도 없다. 경쟁이 협동과 함께 할 때 내는 시너지 효과를 아이들이 깨닫게 되는 때다.

모둠도 마찬가지다. 모둠끼리 경쟁을 시키는 것이 아니라 모둠의 향상 점수를 기록하면 퀴즈대회에서 지난번보다 하나 더 맞았다고 좋아하는 아이들을 볼 수 있다. 경기나 게임에서 다른 아이를 누르는 기쁨은 짜릿하지만 어딘가 모르게 씁쓸하여 이겨놓고도 100프로 기쁘지 않다. 그러나 내가 나를 이기면 그것은 짜릿함을 넘어 성취감을 맛보게 한다. 내가 나를 이기는 순간 나는 그 전보다 더 나은 내가 되기 때문이다.

경쟁과 협동이 적절하게 공존하는 수업을 디자인하기 위해서는 아이들이 남이 아닌 자신과 겨룰 수 있도록 자신만의 목표를 갖게 해야 할 것이다.

웃음이 없는
교실,
배움이 없는
교실
4

 수업에서 웃음은 어떤 의미를 갖는 것일까?

교사가 가장 싫어하는 소리는 옆 반 교실에서 나는 웃음소리라는 말이 있다. 우스개지만 그냥 웃고 넘길 수 없는 씁쓸한 말이다. 아이들이 까르르 웃는 소리가 복도까지 울려 퍼지는 교실은 아이들 얼굴에 생기가 돌고 교사의 얼굴도 밝다. 이런 학급에서 공부하는 아이들과 교사는 참으로 행복할 것이다. 행복한 교실에서 행복한 배움이 이루어질 때 아이들은 성장한다. 그래서 좋은 수업을 말할 때 빼놓지 않아야 할 것이 바로 웃음이다. 배움이 즐겁지 않다면 아이들은 웃지 않는다.

이 부분에서 오해하면 안 되는 것은 꼭 게임이나 레크리에이션 같은 활동으로 교사가 아이들을 '웃겨야 하는 것'은 아니라는 것이다. 교사가 유머를 즐기고 쾌활한 성격이라면 더할 나위 없이 좋지만 그렇다고 해서 조용하고 차분한 선생님의 교실에서 아이들이 웃지 않는 것은 아니다.

교사는 아이들을 웃기는 개그맨이 아니다. 우리 반 아이들을 웃게 하기 위해서 내가 몸을 던질 수는 있지만 웃음이 목표가 아니라 수업이 목표일 때 그것은 가치 있다. 아이들은 배움을 통해 자신도 모르게 "아~" 하는 탄성을 내기도 하고, 뭔가를 새롭게 알게 되었을 때 기뻐하기도 한다. 토의를 하며 웃기도 하고, 친구들과 계획을 짜면서 즐거워하기도 한다. "아~" 하고 놀라는 순간은 교사의 발문을 통해서도 찾아오고, 친구들과 토의와 토론을 통해서 생각을 확장하고 공유할 때 역시 가능하다.

그 순간 아이들 표정은 무척 밝다. 새로운 것을 알고자 하는 인간의 기본적인 욕구가 채워지는 순간 아이들 얼굴은 등(燈)이라도 켜놓은 듯 환하고, 새로 안 것이 신기하고 재미있어서 웃음이 떠오른다.

아이들은 교사가 던지는 작은 질문 하나에도 생각이 넓어진다. 아이들이 자유롭고 편안한 분위기에서 수업이 진행될 수 있도록 먼저 교사가 편안하고 온화한 태도로 웃음을 띠고 수업하는 여유를 가져야 한다. 그리고 자주 웃어주어야 한다. 교사가 웃어야 아이들도 따라서 웃기 때문이다.

수학 시간에 친구들과 함께 칠교놀이를 하던 ▶
아이들이 문제를 해결한 다음 즐거워하고 있다.

전국 모든 교실에서 아이들의 웃음소리가 넘쳐났으면 좋겠다. 시험과 학업 성취보다 먼저 아이들이 행복하고 즐거운 학교였으면 한다. 그러기 위해서 교사가 먼저 마음의 여유를 갖고 즐겁고 기쁘게 아이들을 만났으면 한다.

아이들의 호기심과 창의성을 키우기 위해서 어떻게 해야 할까?

교사가 된 다음 가장 듣기 좋았던 칭찬이 무엇인지 물어본 새내기 선생님이 있었다. 그때 머릿속에 떠오른 장면이 있었다. 몇 년 전이었다. 토론 수업을 열심히 하는 중이었는데, 옆 반에서 떠드는 소리가 들렸다. 그러자 한 아이가 손을 들더니 이렇게 말했다.

"선생님, 아이들이 왜 저렇게 떠들어요? 공부가 재미없나 봐요"

다른 아이들이 맞장구쳤다.

"맞아. 쟤들은 공부가 재미없으니까 떠드는 거야"

"그럼 너희들은 공부가 재미있어?"

웃으면서 묻자, 아이들이 대답했다.

"네, 선생님하고 공부하는 게 재미없을 수 없잖아요. 선생님 수업은 항상 최고예요"

　　초임 교사 때 "재미는 있는데, 배운 게 무엇인지 모르겠다"는 말을 아이들에게서 들었던 이후로 "선생님 수업은 항상 최고"는 말을 듣기까지 십년이 넘게 걸린 것이니 썩 훌륭한 성적표는 아닐 것이다. 그러나 그 순간 나는 교사로서 진정한 희열을 느꼈다.

　　당시 창의·인성교육을 위한 새로운 수업 방법을 구안하였고 이를 검증하기 위해 아이들에게 다양한 창의적인 사고 기법과 수업 모델을 적용해보았는데, 브레인스토밍, 하이라이팅, TIR(Teacher In Role), 마인드맵, 브레인라이팅, 역브레인스토밍, 축사고, 두줄생각, 육색사고모자 등 창의·인성교육넷(http://crezone.net)에 올라와있는 창의적 사고 기법을 과목별로 다양하게 시도했더니 아이들이 그것에 흥미를 느낀 것이다.

　　서로 다른 이야기가 아이들에게서 쏟아져 나왔고, 이야기를 듣다 보면 40분을 훌쩍 넘겨 수업하는 일이 예사였다. 그러다 보니 정규시간인 40분으로는 아이디어를 내다가 끝내는 일이 많아서 아이들이 블록타임을 원했다. 매 시간 수업 목표와 해결할 활동을 구성하느라 시간이 걸려도 아이들은 저희에게 맡겨달라고 거침없이 요구했다.

　　아이들은 수업 주제에 따른 학습문제를 정하고, 문제를 해결할 활동을 구상하고 그것을 어떻게 해결할지 토의했다. 모둠에서 토의한 결과를 전체와 나누고, 다시 생각을 정리하고 발전과제를 생각해내는 아이들은 이미 자신의 안에서 나보다 더 좋은 교사를 찾은 다음이었다.

　　수학 시간에는 교과서에 없는 풀이 방법을 찾기 위해 아이들은 토의하고 또 토의했다. 모둠별로 돌아가면서 칠판에 자신들이 찾아낸 풀이 방법을 다른 친구들이 이해할 때까지 설명하고 지도했다. 나는 옆에서 아이들을 안내하고 인도하는 역할을 했고, 아이들의 도전에 아낌없이 칭찬해주었다.

"좋아. 멋진 도전이었어. 우리는 네 덕분에 방금 교과서보다 한 걸음 더 나아갈 수 있었어. 선생님은 너희들이 함께 노력한 것에 박수를 보내고 싶어"

아이들이 주저하거나 막힐 때면 질문을 던졌다.

"이 부분은 다시 생각해볼까? 왜 이런 결과가 나왔는지 설명할 수 있겠니?"

수업 시간마다 토의와 토론, 아이디어, 질문과 응답이 이어졌다. 아이들은 공부 시간이 짧다고 아쉬워했다.

추후에 이 아이들을 대상으로 교사-교수공동연구★에서 교과 융합형 수업을 연구했다. 교과 융합형 수업이 학생들의 창의성을 얼마나 신장시킬 수 있는가 하는 것이 연구의 목적이었고, 연구 결과는 우리 반 아이들은 대조군과 비교해 창의성 검사의 독창성 부문에서 뚜렷한 차이를 보여주었다.

★ 2011 전주교육대학교 교사·교수공동기획연구 "창의성 신장을 위한 교과 융합형 수업모델 연구"

'미래 사회에 필요한 인재는 1+1=3 으로 생각하는 사람이다'라고 『새로운 미래』의 저자인 다니엘 핑크는 말하였다. 과거의 생각이 가지고 있던 한계와 틀을 깨지 않는다면 발전이란 있을 수 없다. 새로운 것에 대한 한계를 벗어나기 위한 첫걸음은 바로 학생들의 호기심에서 시작한다.

호기심, 도전, 용기는 수업에서 중요하게 다루어야 하는 창의성의 내적(內的) 요인들이다. 『창의성과 학교교육』에서 아서 크로플리(Arthor.J.Crotpley)는 교사들이 유독 독창성을 창의성의 가장 큰 부분으로 생각하는 것을 지적한 바 있다. 또한 그는 수업에서 놓치지 말아야 할 것을 이런 창의성의 내적인 요인이라고 이야기했다.

교사가 학생의 창의성을 기르기 위해 해야 할 가장 첫 번째 일은 수업에서 도전하는 용기를 갖게 하는 것이다. 다음에 또 도전할 수 있어야 아이들에게서 새로운 가능성과 아이디어가 나온다.

로저 본 외흐(Roger Von Oech)의 『생각의 혁명』에는 이런 말이 나온다.

"창조적인 사람들은 스스로 창조적이라고 규정하고 있다. 창의성에 영향을 주는 것은 바로 스스로 창조적이라고 생각하느냐 아니냐다"

이렇듯 학생들이 스스로 창의적인 사람이라고 믿고, 여러 가지 다양한 생각들에 도전하는 것이 진정한 창의성 수업이다. "괜찮아. 잘 했어. 네가 그렇게 도전했다는 것만으로도 우리 모두에겐 큰 의미가 있어. 훌륭하구나"

교사는 아이들의 창의성을 기르기 위해 이런 문장으로 '도전할 수 있는 용기'를 북돋아야 한다.

새로운 생각은 틀릴 수 있다. 그것도 자주. 그러나 틀린 생각이 열 개가 되고, 스무 개가 되고 백 개가 되면 그 중 하나는 무엇보다 멋진 가능성일 수 있다.

에디슨은 필라멘트를 만들 때 무려 1,200번을 실패했다. 당시 에디슨은 필라멘트의 재료로 태운 대나무, 감자, 종이, 면섬유 등 세상에 있는 온갖 것으로 실험했다. 돈과 시간이 끝없이 들어가는 것에 대해 염려하는 주변의 말에 그는 이렇게 말했다.

"괜찮습니다. 나는 1천 번을 실패한 것이 아니라 1천 번의 되지 않는 이유를 알아낸 것이죠"

역사를 뒤져보면 에디슨보다 먼저 필라멘트를 발명했던 사람이 있다.

그러나 우리는 세상에 빛을 가져다준 사람을 에디슨으로 기억한다. 에디슨은 필라멘트를 발명한 사람이 아니라 사실은 필라멘트의 수명을 길게 바꾼 사람이다. 다른 사람의 아이디어를 자기 것으로 고쳐 실험하고 실패하기를 1,200번 끝에 성공해낸 것이다.

틀렸다고 좌절하게 하는 것은 창의성을 죽이는 수업이다. 틀렸어도 다음에 또 도전하고 용기를 내도록 해주는 것이야말로 창의성을 살리는 수업이다. 창의성을 기르는 수업에서는 아이디어를 내고, 함께 고민하여 문제를 해결하는 것이 수업의 핵심 축이다. 창의성을 기르는 수업에서는 혼자보다 여럿의 아이디어가 더 낫기 때문에 함께 모여서 이야기할 수밖에 없고, 이것은 아이들이 먼저 느낀다.

교사들과 이야기하면서 스스로를 창의적이지 않은 사람이라고 여기는 경향이 있다는 것을 여러 번 느꼈다. 그들 내면의 창의성을 발견할 기회가 많지 않았기 때문이라고 생각한다. 그러나 교사가 인정하고 북돋는 것만 잘해도 아이들은 창의성의 날개를 펼 수 있다.

아이들에게 호기심을 갖고 수업에 참여할 수 있도록 다양한 사고 기법이나 아이디어를 자극할 수 있는 수업 모델을 연구해볼 것을 추천한다. 70여 가지의 다양한 모델들이 개발되어 있고, 여러 과목에 적용하다 보면 분명히 재미있고 신선한 수업을 할 수 있을 것이다.

바로 배워 바로 쓰는 창의적 사고 기법 5가지

브레인라이팅(Brain Writing)

브레인스토밍이 하고 싶은 말을 무엇이든 하는 자유로운 표현 방법이라면 브레인라이팅은 생각한 것을 쪽지나 포스트잇에 적어보게 하는 활동이다. 종이에 생각을 적는 활동이므로 수업이 금세 차분해진다. 브레인라이팅은 반 아이들 전체의 생각을 동시에 기록할 수 있고, 소극적이고 말없는 아이들의 생각을 함께 할 수 있어 좋다.

TIR(Teacher In Role)

교사가 역할놀이에 함께 참여하는 것만으로도 아이들은 무척 재미있어 한다. 때로는 박사가 되고 때로는 역사 속 인물이 되어 인터뷰를 하는 등 활동에 교사가 함께하므로 아이들의 눈높이에 맞추는 활동이 어떤 것인지 알 수 있다.

교사   오늘은 고려의 문화재에 대해서 공부한 것을 확인하는 시간입니다.
친구들이 팔만대장경 박사님, 직지심체요절 박사님, 고려청자 박사님
이 되어 여러분이 궁금해 하는 것들을 설명해줄 거예요. 선생님은 '다
알아요 박사님'이니까 여러분이 궁금해하는 것을 함께 설명해줄게요.

▲ TIR — 교사가 아이들과 함께 역할놀이에 참여하고 있다.

역브레인스토밍

역브레인스토밍은 내놓은 아이디어에 대해 왜 안 되는지 그 이유를 거꾸로
찾아보고 대안을 제시하는 활동이다. 가장 좋은 합의점을 토의를 통해 찾아낼 수
있다.

● 세계화할 수 있는 한국 음식은 무엇인가?

	음식	장점	단점	대안
현성	삼겹살	맛있다.	느끼할 수 있다.	맛있는 쌈장소스를 개발한다.
하늘	비빔밥	다양한 채소와 고기, 밥을 한 번에 먹을 수 있다.	채소를 싫어하는 사람이 꺼려할 수 있다.	많은 사람이 좋아하는 야채를 위주로 하는 비빔밥을 개발한다.
희민	팥죽	몸에 좋다.	팥을 싫어하는 사람이 있을 수 있다.	팥의 맛을 줄이고 단맛이 나는 설탕을 첨가한다.
토의 결과	우리 모둠에서는 세계화할 수 있는 한국음식으로 가장 비판이 적은 비빔밥을 선정했다. 비빔밥을 세계화하기 위해서 외국 사람이 좋아하는 채소를 넣도록 한다.			

축사고

인물축, 공간축, 시간축 등 문제의 핵심 축을 바꿔 생각해본다. "만약 ~ 했다면 어떻게 되있을까?" 하는 창의적 사고를 갖게 하는 좋은 방법이다. 처음에는 교사가 문제를 제시하고, 익숙해지면 학생들이 축사고의 문제를 직접 만들어보게 한다.

인물축 : 연개소문의 고구려가 삼국을 통일했다면?

고구려가 삼국을 통일했다면 어떻게 되었을까, 하는 질문을 축사고로 진행해보았다. 연개소문이 삼국을 통일했다면 어떻게 되었을까? 하는 '인물축' 바꾸기를 통해 연개소문과 김유신, 두 인물의 생애를 비교해 생각할 수 있었다.

공간축 : 직지심체요절이 프랑스가 아니라 일본에서 발견됐다면?

왜 직지심체요절이 프랑스에 있는지 이야기하면서 축사고의 '공간축' 바꾸기로 이를 생각해보게 하였다. 일본에서 침략해간 문화재에 대한 우리의 자세에 대해서도 토론할 기회가 되었다.

시간축 : 팔만대장경이 조선 시대에 만들어졌다면?

팔만대장경은 몽고의 침입을 막아내고자 하는 마음을 담아 만든 자랑스러운 유산이지만, 조선은 불교를 억압하는 정책을 폈기 때문에 팔만대장경이 조선 시대에 만들어지기 어려웠을 것이라는 의견이 나왔다. 이를 통해 조선의 종교정책과 고려의 종교정책을 자연스럽게 비교해보고, 왜 조선에서 불교를 억압했는지 생각해볼 수 있었다.

□는 □다

"□는 □다"는 창의성 문장 완성하기 검사를 응용한 학습 정리이므로 □에 어떤 내용이 들어가도 좋다. 시간이 부족하면 학습일지에 쓰게 한다.

삼별초는 □다

삼별초는 고려의 자존심이다. 왜냐하면 고려를 지키기 위해 많은 사람들이 목숨을 걸고 싸웠기 때문이다. 아마도 나라면 그렇게 하기 힘들었을 것이다. 무섭고 겁이 나서 말이다. 그래서 삼별초는 나라를 위해 목숨을 걸었던 고려인들의 마지막 자존심이다.

(사회 시간에 삼별초에 대해 배운 다음 5학년 학생이 학습일지에 쓴 내용으로

교과서에서 가르치는 것보다 훨씬 깊이 있는 내용을 담고 있다. 아이들은 배우면서 생각하고, 생각하면서 자란다는 것을 느낄 수 있다.)

2013. 창의인성수업안 연구회 컨설팅(광주 우산초교) ▶

▲ 2013 창의·인성교육 서남권센터 하계 집합 연수 강의(전북대)

어떤 아이들은 왜 똑같이 가르쳐도 제대로 배우지 못하는 걸까? 어떤 아이들은 수업 시간에 왜 산만한 걸까? 수업에 자신감이 많은 교사일수록 이런 상황을 쉽게 받아들이지 못하며, 나는 잘 하고 있는 것 같은데 왜 아이들이 못 따라올까 고민한다. 교사의 눈으로는 수업에서 일어나는 좋지 않은 상황을 학생에게 책임이 있는 것으로만 보기 쉽기 때문이다.

수업 시간에 아이가 어떤 것을 배우고, 어떤 생각을 했는지, 주도적으로 사고한 것은 어떤 부분이었는지 교사는 잘 알지 못한다. 의도적으로 노력하지 않고서는 이 부분에 대해 알 수 없기 때문에 같은 식의 수업은 계속된다.

같은 장소에서 같은 시간에 같은 교사에게 배우고도 그 배움의 정도가 다 다른 것에 의문을 품어 본 적이 있을 것이다. 교사라면 누구나 한 번쯤 나는 똑같이 가르치는데 왜 어떤 아이들은 제대로 배우지 못할까? 생각해보았을 것이다. 이 답은 간단하다. 배우는 주체인 아이의 수준과 사고, 경험이 모두 다르기 때문이다.

수업에서 다양성을 추구하는 것은 그래서 가치 있다. 다양성을 추구하는 수업에서는 학생마다 다르다는 것을 인정하고 그 학생들은 어떻게 도울지 고민하는 데서 수업을 시작하기 때문이다. 그러므로 어떻게 하면 내 학급의 학생들을 제대로 볼 수 있을지 노력해야 하며, 수업 개선을 위한 자신만의 방법을 모색해야만 비로소 앞으로 나아갈 수 있다.

수업에 정답은 없다

수업에 정답은 없다. 수업에서 이것만 옳다고 우기는 것만큼 어리석은 일도 없다. 획일화로 틀이 굳어지는 순간 수업은 그 다양한 색을 잃어버린다. 어느 교육과정도, 어느 수업 모형도, 심지어는 어느 수업 방법도 모든 현장에 늘 적합하지는 않다. 학생의 수준에 가장 잘 맞는 방법을 아는 것은 그 학생을 기르치는 교사밖에는 없다. (더 정확하게는 그렇게 되도록 노력해야 한다.)

내 교실의 문제를 가장 잘 아는 사람은 나이고 내 수업을 바꿀 사람도 다름 아닌 나이므로, 교사 스스로 노력하지 않는 한 수업은 달라지지 않는다. 만약 답을 쉽게 얻으려고 한다면 그것은 반드시 실패하게 되어 있다. 그저 꾸준히 수업을 고민하고 좀 더 치열한 자세로 살아가는 것이다. 자신 안에서 답을 찾는 것이 쉬운 일은 아니다. 결국 내가 넘어서야 하는 것은 나 자신인 것이다.

아이 눈으로 수업을 보려면 아이를 먼저 봐야 한다

부설초등학교에서 5년 동안 교생들이 수업을 하는 동안 교실 한 편에서 학생들을 관찰할 기회가 많았다. 처음에는 실습생을 지도하기 위해서 어쩔 수 없이 아이들을 관찰해야 했다. 제대로 보기 전에는 이 과정이 귀찮았다. 나는 아이들을 잘 알고 있다고 믿었기 때문이다. 그런데 관찰하는 시간이 쌓이면서 내가 몰랐던 몇 가지 결론에 도달하게 됐다.

첫째, 수업을 하면서 보는 아이와 관찰할 때의 아이가 달랐다. 쉽게 말해 학급 전체의 한 부분일 때와 단독으로 볼 때의 아이가 달랐다는 뜻이다. 예전 같으면 미처 모르고 지났을 아이들의 작은 행동, 습관, 말투 등이 보였고, 가끔은 내가 생각한 것과 전혀 다른 행동을 하는 것을 보고 깜짝 놀랄 때도 있었다.

둘째, 그 아이가 학급에서 어떤 관계에 놓여있는지 보였다. 다른 아이와의 소통, 교우관계, 모둠에서의 참여율이나 교사와의 관계, 나머지 아이들과의 관계 등 아이가 학급 내에서, 그리고 모둠 속에서 맺고 있는 '관계'에 대한 부분이 눈에 띄었다. 이 아이를 보는 것을 통해 다른 아이가 함께 눈에 따라 들어오는 상황이 생긴다는 것도 알게 되었다. 그래서 '아이 눈으로 수업보기'에서 말하는 '벼리 아이'(해당 학생을 중심으로 다른 아이의 학습과정이 함께 눈에 들어오는 것으로 그물코 하나─벼리─를 당길 때 나머지 그물이 함께 따라오는 모습에서 비롯된 말이다.)에 대해 깊이 공감한다.

셋째, 수업에서 아이들마다 도움을 필요로 하는 부분이 달랐고, 좋아하는 수업 방식이 달랐다. 나는 전체 30명을 모아서 하나의 큰 가상 인물을 만들어 그를 대상으로 수업하고 있었지만, 아이들 한 명 한 명이 요구하는 것은 다 달랐다.

아이는 믿었던 도끼가 아니라, 내가 모르는 도끼일 수 있다

학급에서 내가 가르친 아이들이 맞는가 싶은 일들이 종종 생기는 이유를 알게 되었다. 나는 잘 안다고 생각했지만 그것은 전체의 한 부분일 때의 아이고, 그렇지 않은 상황에서의 아이가 또 있었던 것이다. 장님이 코끼리 다리를 하나 만지고 그것이 코끼리라고 믿었던 것과 같은 상황이었다.

즉, 나는 믿었던 도끼에 발등을 찍힌 게 아니라 사실은 도끼가 어떻게 생겼는지 모르고 있었던 것이다. 한 아이를 이해한다는 것은 엄청난 노력이 필요하고, 정말 많은 관찰이 필요하다는 것을 나는 그때서야 비로소 깨달았다.

나는 그 전까지만 해도 학급 전체를 잘 끌고 가는 것이 수업이라고 생각했고, 그 흐름을 벗어나지만 않으면 수업을 잘 하는 것이라고 믿었다. 그런데 돋보기로 보듯이 아이를 하나하나 보자, 그게 다가 아니었다. 아이들이 교사가 하라는 대로 말없이 따라왔을 뿐이지 결국은 각자의 방식으로 다시 재조합하면서 배우고 있다는 것을 느낀 다음부터는 갑자기 잘 알고 있다고 믿었던 아이들도 수업도 막막하게 느껴졌다.

교생들과 매일 관찰 내용에 대한 협의를 하면서 느꼈던 것은 아이들의 요구를 충족시키기 위해서는 수업에 대한 다양성과 우리 교실에 맞는 개선 방법을 함께 고민할 수밖에 없다는 것이었다. 이것이 바로 수업을 변화시키기 위해 아이를 보는 시간과 노력이 필요한 이유이기도 하다.

교생도 한 학생을 정해놓고 집중적으로 4주간의 실습 기간 동안 관찰했기 때문에 자신이 관찰하는 학생에 대해서는 누구보다 더 잘 이해하게 되었으며, 이 관찰을 통해 아이의 습관, 학업 성취도와 수업 시간에 주로 하는 특별한 행동과 일상적인 행동, 다른 아이와의 관계 같은 세세한 것까지 알 수 있었다.

한 번은 어느 교생이 쉬는 시간에 앞 시간에 수업한 것을 한 아이에게 다시 설명하는 걸 보았다. 협의 시간에 물어보니 그는 웃으면서 이렇게 말했다.

"제가 그 애를 매일 지켜봤는데 그림을 그려서 설명하면 좀 더 잘 이해하는 것 같았어요. 그래서 쉬는 시간에 그림 그려서 문제 푸는 것을 도와줬어요. 수업 시간에 다른 애들처럼 식을 만들라고 하니까 잘 못 했는데, 그림으로 그려서 해보라고 하니까 역시 잘하던데요. 다음 시간에도 그렇게 해보라고 했어요"

사실 우리 반 아이들을 내가 아닌 다른 이가 수업하고, 나는 그 시간에 온전히 아이들을 관찰하는 경험은 결코 흔한 것이 아니다. 나는 긴 관찰 시간 덕분에 수업이 끝없는 의사소통의 과정이며, 그런 상호작용을 통해서 배움이 이루어진다는 것을 알 수 있었다.

수업 시간에 어떻게 하면 아이들 각자의 고민과 문제를 도울 수 있을 것인가 하는 것은 교사의 피할 수 없는 숙제다. 그러므로 아이가 주도적으로 사고하고 활동하는 가운데 스스로 깨닫도록 하는 방안이야말로 교사가 연구해야 할 수업의 핵일 것이다.

경험이 부족한 교사라면 교사 자신에게 맞는 수업 방법이 어떤 것인지 찾는 것도 중요하다. 그리고 그 과정에서 꾸준히 아이의 눈으로 보는 수업에 대해 고민하고 연구해야 한다. 많은 관찰과 기록, 그리고 연구만이 아이를 중심에 놓는 수업의 세계로 이끈다.

행복한 수업을 위한
4단계 멘토링

2

좋은 수업은
좋은 기획에서 시작한다

학생을
이해하면
수업이 보인다

1

🔊 수업을 기획할 때 가장 먼저 해야 할 일은 무엇인가요?

수업에 대한 고민은 내가 가르치는 대상이 누구인지, 파악하는 데서 시작한다. 수업 기획은 가르치는 대상인 아이들을 이해하는 것부터 시작하며, 어떤 내용을 가르치고 어떤 방법으로 가르칠 것인가 하는 것은 그 다음 문제다.

소인수 학급에서도 학생의 수준은 천차만별이다. 아이들마다 생각하는 것이 다르고 경험한 것이 다르다. 또한 이해하고 받아들이는 수준이 다르기 때문에 엄밀한 의미에서는 모든 아이들이 다 다르다는 게 가장 적절한 표현일 것이다. 어떤 아이는 수학을 싫어하지만 과학은 좋아하고, 어떤 아이는 영어는 싫어하지만 음악은 좋아한다.

교사는 학생들의 평소 학습 태도와 학업 성취 수준을 제대로 이해하고 있어야 함은 물론이고 학생의 생활에도 세심하게 관심 가져야 한다. 그렇지 않으면 학생에게 필요한 진단과 처방을 제 때 해줄 수 없을 뿐 아니라 수업을 제대로 준비할 수도 없다.

어떤 아이가 무엇을 왜 싫어하는지에 대한 세세한 자료를 갖추고 그에 따른 피드백을 제공할 수 있어야 학생들에게 맞는 맞춤형 수업도 할 수 있다. 수업에 앞서 학생에 대한 기본적인 심리검사와 학습 태도검사가 선행되어야 함은 물론이고, 학생의 학습 성취에 대한 꾸준한 누적 자료가 교사에겐 반드시 필요하다. 그래서 어떤 부분에서 학생이 왜 어려움을 겪고 있는지 파악하고, 어떤 부분에서 어느 정도 향상을 보이는지 알고 있어야만 한다.

그러기 위해서 교사는 마치 작은 구슬을 꿰어 만들어 놓은 목걸이처럼 학생들에 대해 하나하나 작은 변화까지 전부 꿰뚫듯 파악해야 한다. 사실 그렇기 때문에 교사는 해야 할 일이 많고, 일상이 바쁠 수밖에 없다. 학생의 생활지도는 물론이고 수업까지 다 하려면 몸이 열 개라도 모자라다는 말이 맞다. 그러나 다행인 것은 학생을 세세하게 살필수록 오히려 지도는 쉬워진다는 것이다. 지피지기 백전백승(知彼知己 百戰百勝), 학생을 이해하면 할수록 내가 해야 할 수업에도 자신감이 생긴다.

학생을 이해하기 위한 가장 기본은 학생의 현재 학습 수준을 파악하고, 형성평가를 통한 꾸준한 향상 정도를 체크하는 것이다. 또한 학생의 발표 태도와 학습 태도를 알고, 그 성장을 칭찬하는 것이다. 수업을 잘하기 위해서 교사는 학생의 관심사와 취미는 물론이고 수업에 참여하는 태도, 모둠활동의 참여도, 과목별 흥미도, 심지어는 공책 글씨까지 파악해야 한다.

교사 수첩을 학생에 대한 기록으로 채우자

십년 전 민들레 5기 때 쓰던 교사 수첩의 한 부분이다. 45명의 학생 중 그날 인상적이었던 학생에 대해 짤막하게 적곤 했는데, 학급 운영과 수업에 참여하는 학생의 태도 등을 살펴보기에 좋은 방법이었다.

또한 아래 사진처럼 두레활동을 원활하게 하기 위해 정기적으로 두레 운영위원회를 열고 어떤 점이 모둠활동에서 어려웠는지를 대표로 참석하는 두레장들에게 들었다. 아이들과 나눈 이야기들은 모두 교사 수첩에 기록해두고 함께 고민했다.

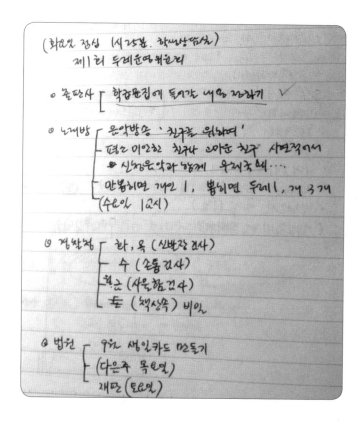

▲ 2002. 8. 30 교단일기

(8/30) 교실 뒤에 혼자 앉아본다. 여기서 교단까지 참 멀다는 생각이 든다. 뒷자리 앉은 아이들은 얼마나 답답할까 싶어 문득 측은해진다. 뒷자리 앉은 아이들까지 끌어안을 방법을 찾아봐야겠다. 아이들 일기에선 츄츄츄 게임이 여전히 재밌다는 이야기가 나온다. 어린이회의가 아직도 영 어설프지만 그래도 참 재밌다. 평소에는 목소리가 작던 ★★가 큰 소리로 회의를 진행한다. (어~ 새로운 모습이네.) (칭찬) 어린이 회의 시간엔 칭찬할 것이 참 많다.

10년 전에 썼던 짧은 교단일기지만 그날의 우리 교실을 열어서 보여주는 것 같다. 꾸준히 쓸 때 일기는 가까이는 그날 하루의 삶을 돌아보게 하고, 멀게는 자신의 삶 전체를 돌아보게 한다.

교사가 쓰는 일기는 수업과 교사 자신, 그리고 아이들에 대한 생각을 되새기게 한다. 지금 만약 쓰지 않고 버려둔 교사 수첩이 있다면 아이들에 대한 관찰로 채워보길 바란다. 기록한 것이 많아질수록 아이들에 대해 더 많이 알게 되고, 수업에서도 어떤 것을 고려해야 하는지 답이 보일 것이다.

가르치는 교사는 똑같아도 아이들의 흥미가 달라지는 원인이 궁금합니다. 왜 어떤 과목은 학생들에게 늘 인기 있고, 어떤 과목은 아무리 노력해도 재미없어할까요?

수업은 교사가 얼마나 고민하느냐에 따라 그 질이 달라진다. 학생에 대한 이해와 수업 방법을 고민하는 시간이 어느 정도인가에 따라 학생들이 경험하는 40분은 질적으로 우수해질 수도 있고, 아닐 수도 있다.

특히 학생들이 특정 과목에 갖는 거부감을 이해하지 못하면 이를 해결하기 위해 노력할 수 없다. 학생들이 과목에 따라 흥미가 달라지는 원인을 파악하지 못하면 수업 방법을 달리해야 하는 이유 역시 모를 수밖에 없다.

수업은 교사가 학생의 필요와 요구가 무엇인지 알기 위해 고민하는 만큼 성장하는 일종의 유기체와 같다. 어느 교사는 마치 살아있는 생물처럼 생동감 있고 신선하여 뜨거운 심장까지 느껴지는 수업을 한다. 아이들은 교사와 함께 자유롭고 즐거운 배움을 맛본다. 어느 교사는 어제와 오늘이 같고 오늘과 내일이 같은, 생동감이라고는 전혀 찾아볼 수 없는 수업을 한다. 교사 자신이 수업을 얼마나 즐기고 있느냐를 생각해보면 이것은 가장 쉽게 알 수 있는 부분이다.

예를 들어 수학은 학년이 올라갈수록 좋아하는 학생이 줄어들어, 연산이 복잡해지는 고학년에선 일부 학생들만 좋아한다. 그래서 고학년에서 야말로 제대로 된 수학 교구가 필요하고, 다양한 수업 방법으로 재미있게 접근해야 한다. 이런 학생의 필요를 알아차리지 못하면 그저 정답풀이식의 수업을 반복하게 된다.

또 체육 수업은 대체로 모든 학년에서 사랑받지만 아무리 인기 있는 체육 수업도 고학년 여학생들은 운동량이 많은 이어달리기나 왕복 달리기는 싫어한다. 그래서 체력운동, 구기운동, 근력 운동 등을 다양하게 재구성하여 배치해야 한다. 그러면 여학생도 흥미를 갖고 참여할 수 있다. 학생이 원하는 것이 무엇인지 교사가 귀 기울이는 것이 필요한 이유다.

이렇듯 어떤 과목에서 왜 학생들의 흥미가 떨어지는지 교사가 파악해야 수업 방법도 달리 할 수 있다. 즉 교사는 과목별, 학생별로 수준과 흥미를 파악해야만 학생의 흥미를 끌 수 있는 수업을 할 수 있다. 그러기 위해서는 교사 자신의 수업에 대한 역량을 키우는 것이 가장 우선이며, 다음으로는 학생을 위한 다양한 수업방법을 고민해야 한다.

수업에 대한 자신감은 교과를 얼마나 잘 이해하느냐에서 나온다. 수업을 잘 하고 싶은 마음이 있다면 그 교과를 가르치는 이유를 먼저 알아야한다. 아이들이 수업을 통해서 배워야 하는 핵심적 가치를 교사가 먼저 이해하고 수업으로 구성하지 못 하면 그 수업은 배움이 없고 그저 수박 겉 핥기 식의 지루한 일상이 되고 만다. 교과에 대한 완전한 이해를 위해 지도서를 읽고, 교육과정의 체계를 충분히 습득해야 한다. 그리고 교과 밖의 세계를 접목시킬 수 있을 지혜로운 눈을 지닐 수 있도록 노력해야 한다.

수업에서의 흔한 오류, '교사의 프레임에 아이를 끼워 맞추기'

경력이 막 5년차를 넘어섰을 때다. 학급운영도 최상의 상태였고, 두레 활동과 주제 중심 프로젝트 학습이 전성기를 맞고 있던 때였다. 아이들은 내가 준비하는 수업에 열렬하게 호응했고 즐거워했다.

그런데 한 아이가 수업 시간에 발표를 하지 않으려 했다. 혼자 침묵하는 이 아이 때문에 마치 98퍼센트만 재미있는 것 같았다. 나는 부족한 2프로를 어떻게든 채우고 싶었다.

어느 날 왜 발표를 하지 않는지 아이에게 슬쩍 물어봤다. 아이는 가슴이 두근거려서 도저히 발표를 못 하겠다고 했다. 선생님을 정말 좋아해서 학교 가는 시간만 기다린다는 학부모의 이야기를 들은 다음이었다. 선생님도, 친구도, 수업도 다 좋은데, 다만 떨려서 발표는 도저히 못하겠다는 것이었다. 이 아이는 5학년이 될 때까지 모든 아이들이 듣는 데서는 자기 이름도 말해본 적이 없는 매우 내성적인 학생이었다.

온갖 방법을 동원하자, 2학기에 들어서면서 이 아이도 손을 들어 발표도 하고 자신의 의견을 조금씩 이야기하게 되었다. 나는 아이의 성격과 수업에 참여하는 태도가 개선되었다고 믿었다. 그러나 아이는 다음 해에 다시 말없는 아이로 돌아갔다.

아이의 부끄러움을 개선했다고 생각했지만 그것은 개선이 아니라 내 틀에 억지로 아이를 끼워 맞춘 것이었다. 교사로서 열정이 학생에 대한 이해보다 앞서 있었고, 학생을 교사의 틀에 맞추기 위해 열심히 노력했기 때문에 생긴 일이었다.

아이들 하나하나의 개성을 이해하고 인정하기까지 나에게는 많은 시간이 필요했다. 그러나 아이들마다 다르고, 아이들의 무궁무진한 가능성이 바로 그 다름에서 온다는 것을 깨닫게 된 후로는 아이들에게 같음을 강요하는 일이 없어졌다. 조용한 아이는 조용한 대로 활발한 아이는 활발한 대로 나름의 방식으로 배우고 있다는 것을 나중에서야 깨달은 것이다.

그때 그 아이를 지금 다시 만난다면 나는 발표를 하라고 부추기지 않을 것이다. 그리고 많은 아이들 앞에서 어떻게 생각하는지 큰 소리로 말할 것을 강요하지도 않을 것이다. 대신 자신의 생각을 공책에 적어보게 하고, 친구들 앞에서 마음의 준비가 되었을 때에 공책을 읽어보게 할 것이다. 부담되지 않게 쉬는 시간에 조용히 아이의 귀에 대고 잘했다고 속삭이거나 공책에 예쁜 글씨로 칭찬의 말을 섞어줄 것이다.

때로는 교사의 뜨거운 열정이 아이를 가두는 틀이 될 수도 있다. 중요한 것은 아이를 있는 그대로 봐주고, 인정해줄 줄 아는 자세일 것이다.

수업 중 돌발 상황에 대처하는
우리의 자세

어느날, 아침 자습시간에 여섯 장 분량으로 "나는 우리 담임 샘이 싫다"고 적은 일기를 읽게 됐다. 일기의 주인공은 수업 시간에는 창밖을 보고 있거나 잡담을 하느라 좀처럼 집중하지 않는 아이였다. 평소에도 반항심이 드러나는 행동을 간혹 했지만 그날 아이의 일기에선 화를 삭일 수 없는 분노가 그대로 느껴졌다. 뒤로 가면서 더욱 거칠어진 문장에선 욕이 섞여 있었다. 머릿속이 하얘지더니 나중엔 손이 떨려서 차마 끝까지 읽을 수 없었다.

전날, 반에서 은근히 왕따를 당하고 있던 학생을 비호한 게 아이를 화나게 한 것이었다. 학급 운영에 있어 아이들의 입장에서 생각하고 아이들을 위해 최선을 다했다고 믿었기 때문에 나는 몹시 상심했다. 그날 1교시 수업은 그대로 물 건너가버렸고, 머리도 마음도 굳어버린 채로 복도에 나가 창밖을 멍하니 바라봤다. 그 순간 내가 할 수 있는 일은 아무 것도 없다고 생각했다.

사실 수업에서는 이와 같은 돌발 상황이 끝없이 생긴다. 모둠활동을 신 나게 하다가 느닷없이 아이들끼리 싸움이 나는가 하면, 갑자기 선생님이 싫어졌다고 말하는 아이도 있다. 그때마다 교사가 당황하고 난처해한다면 수업은 매번 산으로 갈 것이다. 교사가 무게중심을 확실하게 잡고 버텨주어야 수업도 제대로 이끌어 갈 수 있다.

돌발 상황이 생기면 우선 수업을 멈추어야 한다. 울고 있는 아이, 화난 아이를 두고 수업을 그대로 끌고 갈 수는 없다. 우는 아이 하나의 마음도 들여다봐줘야 한다. 왜 울고 있는지, 화가 난 이유는 무엇인지, 교사가 관심을 보이되, 수선을 떨지 말고, 교사가 아이보다 더 당황해서도 안 된다.

교사는 최대한 차분하고 침착하게 상황을 파악해야 하고, 수업이 도저히 안 되는 상황이면 해당 학생 이야기를 충분히 들어줘야 한다. 이런 상황에서는 세수하고 와서 이야기하자고 말하거나 쉬는 시간에 다시 이야기하자고 하는 게 좋다. 잠시 간격을 둔 다음 이야기하면 당장의 흥분이 가라앉기 때문이다. 당장 해결해야 할 문제라면 짧고 간결하게 지도하고, 시간이 필요한 문제는 따로 상담한다.

필요한 경우, 추가로 다른 학생들과 함께 문제의 원인과 대책을 이야기하고, 해당 학생에게는 감정 조절 방법에 대해 지도한다. 이렇게 하면 수업 중단 시간을 최소로 줄일 수 있다. 교사가 유연해지는 만큼 돌발 상황에도 적절하게 대처할 수 있게 되는 것이다.

고백하자면 그 때 나는 '교사도 사람이다' 생각하며 아이를 내 마음에서 멀찌감치 떼어놓았다. 한동안 그 아이를 볼 때면 일기장의 욕설과 비난이 떠올라서 가슴이 쿵쾅거렸다. 내가 아이에게 상처를 받은 것이다.

그런데 졸업한 뒤 나를 가장 먼저 찾아온 제자는 다름 아닌 그 아이였다. 선생님이 많이 보고 싶었다고 말하는 아이가 낯설게 느껴졌다. 나는 아이가 그 일을 어떻게 기억할지 궁금했다. 일기장 사건에 대해 물어보자, 아이는 깜짝 놀라며 대답했다.

"제가요? 제가 정말 그랬어요? 기억이 안 나는데"

내가 곱씹어가면서 아파했던 것과는 반대로 아이는 그 일을 정말 까맣게 잊어버리고 있었다. 교사로서 아이를 끝까지 품지 못했던 내 자신의 옹졸함에 한없이 부끄러워진 순간이었다. 그 후로 사고뭉치 아이들을 만날 때면 그 일을 떠올리며 아이보다 먼저 포기하는 일은 없도록 스스로 다짐하곤 했다.

수업에 집중하지 못 하고 문제를 보일 때는 아이의 마음을 먼저 읽어야 한다. 왜 그러는지 들어줘야 하고, 스트레스가 많이 쌓였을 때는 제대로 화내는 법을 가르쳐줘야 한다. 감정을 조절하고 화를 제대로 내는 법을 가르쳐야만 아이가 마음에 분노를 담아두지 않는다.

아이가 어른에 대한 분노, 세상에 대한 분노, 자기를 괴롭히는 상대에 대한 분노를 마음에 담으면 누군가에게는 반드시 폭발하게 되어 있다. 폭발의 대상이 주변에 있는 약한 아이일 때는 학교폭력이 되고, 교사일 때는 교사와 사사건건 엇나가게 된다.

특히 감정 기복이 심한 고학년 아이들을 지도할 때, 상대에게 화가 나더라도 때리거나 소리치지 않고 차분하게 자신의 마음을 가다듬고 심호흡을 한 다음 말하도록 평소에 지도해야 한다. 화났을 때 한 박자 쉬는 것은 어른에게도 어려운 일이다. 그래서 이런 부분에 충분히 공감하는 자세를 교사가 먼저 보여주어야 한다. 누군가 자신의 감정을 이해하고 공감해주는 것으로도 이미 화의 대부분은 풀어진다는 것을 기억해야 한다.

나만의
수업 브랜드를
만들어라

3

젊은 교사들에게 수업에 대해 물어볼 기회가 있었다. 자리에 1년차부터 4년차에 이르는 교사가 열다섯 명 있었고, 그들이 생각하는 좋은 수업의 모습은 다양했다.

Ⓐ 아이들이 재미있어 하는 수업이다. 아이들이 수업을 재미 없어할 때 나도 재미가 없고 수업도 하기 싫다.

Ⓑ 아이들에게 관심을 갖고 있는 수업이다. 아이들에게 관심을 갖고 따뜻하게 대할 수 있는 수업이야말로 좋은 수업이라고 생각한다.

Ⓒ 아이들이 서로 협력하고 함께 해결하는 수업이다. 아이들에게 일방적으로 교사가 지식을 전달하는 것보다 서로 문제를 해결해가는 과정을 공유해가도록 하는 수업이 좋은 수업인 것 같다.

Ⓓ 아이들 앞에 서기 전에 미리 준비하고 연구하는 수업이다. 평소에는 하루

가 어떻게 가는지도 모르게 금방 가버려서 수업을 준비하거나 생각할 여유조차 없이 아이들 앞에 설 때가 많아서 내 자신은 좋은 수업을 하고 있지 않다고 생각한다.

이들이 생각하는 좋은 수업은,
첫째, 학생들이 **재미**있는 수업
둘째, 학생에게 교사가 **관심**을 갖고 따뜻하게 다가가는 수업
셋째, 학생들끼리 **협력**하는 수업
넷째, 교사가 성실하게 **준비**하는 수업이었다.

수업에 대해 관심이 있는 교사라면 내가 생각하는 좋은 수업이 무엇인지 고민해봐야 하며, 수업에 대한 자신만의 화두, 자신만의 수업 브랜드를 가져야 한다. 앞의 예처럼 재미, 관심, 사랑, 협력, 토론, 준비 등 어느 한 가지 나만의 자신 있는 수업 브랜드를 갖고 있어야 그 분야에 관심을 갖고 노력하게 된다.

'내 수업 브랜드는 □이다'는 그 어떤 것도 다 들어갈 수 있는 열린 문제다. 수업에 대해 모든 가능성을 열어두고 자신만의 주제를 찾는 것이다. 다른 사람이 만든 수업 자료를 그대로 갖다 쓰는 것에 익숙해지면 나에게는 자신 있게 말할 나만의 것이 없게 된다. 결국 수업을 통해서 교사 자신이 성장할 수 있는 기회를 놓치고 계속 제자리걸음만 하게 되는 것이다.

교사는 자신이 관심을 갖고 있는 수업의 주제에 대해 고민하고 수업에 적용하고 발전시키기 위해서 아낌없이 시간을 투자해야 한다. 역량을 갖추기 위해 연수를 듣고, 꾸준히 배우고, 책도 읽어야 한다.

융합, 프로젝트, 토론, 독서, 행복, 협동처럼 수업의 흐름을 결정짓는 주제를 가지고 있으면 어떤 교과든 그에 맞게 고민하고 기획할 수 있다. 즉, 수업에서 나만의 브랜드를 갖는다는 것은 수업을 기획하는 남다른 큰 틀을 갖게 된다는 것을 의미한다. 남다르게 내세울 수 있는 수업 브랜드가 있으면 어떤 교과든 자신 있게 적용할 수 있을 것이다.

융합에 관심이 있는 교사는 수학과 과학을 융합으로, 도덕과 과학을 융합으로 어떻게 수업할지 고민할 것이다. 이때는 내가 자신 있는 교과가 사회인지 도덕인지가 중요한 것이 아니라 주제인 융합을 어떻게 시도할 것이냐가 중요해진다. 이런 교사라면 과학 수업에서 도덕적인 가치관과 윤리를 이야기하기 위해 다양한 인터넷 기사와 신문 자료들을 읽을 것이다. 이 교사와 수업을 하는 학생들은 분명 다른 학급에서는 배우는 아이들보다 과학적 가치관과 윤리의식에 대해 한 번 더 고민할 것이다.

스토리텔링을 잘 하는 교사라면 다양한 교과목에서 스토리텔링을 시도할 것이다. 아마도 그에게는 수업에 적용하는 남다른 스토리텔링 노하우가 있을 것이 분명하다. 이런 학급에서 공부하는 아이들은 이야기를 귀 기울여 듣고 생각하는 것에 익숙할 것이다.

협동학습에 관심이 있는 교사라면 학생들이 서로 어떤 대화를 나누는 것이 효과적이었는지, 어떤 방법으로 모둠을 세웠는지, 무엇이 아이들에게 적절한 소통 방법이었는지 파악할 것이다. 아마도 그런 교사라면 다음 수업에서도 협력학습에서만큼은 다른 교사보다 한 걸음 더 나아가 있을 것이 분명하다.

관심 있고 자신 있는 한 교과를 중심으로 수업을 계속 기획하면 교수·학습의 효율적인 수업 전략에 익숙해진다. 이렇듯 특정 교과에서 돋보이는 수업 기술은 수업 연구 몇 번으로도 내 것으로 만들 수 있다. 그렇지만 수업의 주제와 흐름을 고민하면 모든 교과를 대상으로 수업 기획의 대상과 폭을 넓힐 수 있다. 따라서 학생들에게 질 좋은 수업을 하기 위해서는 특별한 한 교과에만 관심을 갖기보다는 내 수업의 브랜드를 찾는 것을 고민하는 것이 더 바람직할 것이다.

그러므로 꾸준히 노력할 수 있을 나만의 수업 브랜드를 찾아낼 때까지 여러 가지 다양한 주제에 도전해봐야 한다. 다른 사람의 수업 자료를 얻어야 하는 교사가 될 것인지, 자신 있게 나만의 주제로 수업을 기획하는 교사가 될 것인지는 수업 브랜드를 갖고 있는가에 따라 결정된다. 나의 수업 브랜드를 가진 교사라면 그 어느 것에도 흔들리지 않고 자신의 길을 묵묵히 간다. 그런 교사라면 분명 자신의 브랜드에 맞게 수업을 기획할 수 있다는 것을 명심하자.

왜 어떤 아이는
수업 시간에 무기력할까?

어떤 수업을 해도 의욕을 갖지 않는 아이들이 있습니다. 대체로 모든 과목에서 흥미가 없어요. 간혹 눈을 반짝이는 경우도 있긴 한데, 수업 시간 대부분을 멍한 상태로 보냅니다. 이런 아이들을 어떻게 해야 할까요?

2012년 국제학업성취도 평가협회에서 발표한 결과에 따르면, 과학과 수학 과목에서 우리나라 아이들의 실력은 세계 최고라고 한다. 몇 년 째 세계 어느 나라와 겨루어도 상위그룹을 놓치지 않는 대한민국 아이들은 그야말로 세계 최고의 실력을 자랑한다. 그런데 한 가지 안타까운 사실은 대한민국 아이들의 학습 흥미도와 자신감은 꼴찌라는 것이다.

많은 학생이 지루해한다면 그것은 교사의 수업 방식이나 수업 기술에 문제가 있는 것이므로 이를 개선하기 위해 기본적인 수업 방법과 수업 기술을 익혀야 한다. 그렇지만 일부 학생만 그렇다면 그것은 학생의 내면에 원인이 있다.

일부 학생이 수업에 흥미를 보이지 않는 것에는 몇 가지 원인이 있다.

첫째, 과목 자체에 흥미가 없는 경우로 부진한 과목일 때 그렇다. 자신이 없는 과목에서는 수업이 시들하게 느껴지는 것이다. 자신 있는 과목은 재미있지만 그렇지 않은 과목은 아무리 교사가 재미있게 해도 재미를 못 느낀다.

둘째, 교사와의 신뢰 관계가 형성되지 않은 경우다. 선생님을 좋아하는 과목은 점수가 좋고, 그렇지 않을 때는 점수가 낮았던 기억이 누구에게나 있을 것이다. 교사를 좋아하는 것은 과목에 대한 흥미를 불러일으키는 내적(內的) 동기가 된다. 반대로 교사에게 반발심이 있으면 수업에 대한 흥미가 낮다. 이런 경우 교사와의 관계가 회복되면 자연스럽게 수업에 참여하는 비율도 높아진다.

셋째, 수업 밖의 문제로 스트레스를 받고 있을 때 아이는 수업에 흥미를 보이지 않는다. 예를 들어 교우 관계로 문제를 겪고 있다거나 가정에서 아이에게 스트레스를 줄 때 그렇다. 수업 말고도 걱정할 것이 많은 아이가 수업에 빠져들 수는 없다. 이런 경우 학교폭력, 왕따, 가정환경 등 다양한 측면에서 살펴봐야 하며, 아이에게 주의를 기울이지 않으면 원인을 찾아낼 수 없어 특히 애정을 갖고 지켜봐야 한다.

끝으로 학습에서 거듭된 실패를 꼽을 수 있다. 학습에서 거듭된 실패는 도전하고자 하는 의욕을 갖지 못하게 한다. '나는 무엇을 해도 안 돼'라는 생각이 지배적이어서 아이는 무기력해지고 수업에서 점점 멀어지게 되는 것이다.

학습이 부진하여 오는 의욕 상실은 부진에 대한 지도를 하는 것으로 해결해야 한다. 가장 좋은 것은 교사가 시간을 투자하여 아이의 부진을 해결하는 것이지만, 시간을 따로 내기가 어렵다면 수업을 조직할 때 협력학습을 통해 수업에 흥미를 일으킬 수 있도록 해야 한다. 모둠을 바로 세우고, 학생들이 서로 협력하여 문제를 해결해가는 분위기를 마련하고, 학습에 흥미를 가질 수 있도록 다양한 문제해결 방법과 창의적인 사고방법 등을 고려하여 수업을 조직한다.

다음으로 교사와 학생 사이의 문제. 이 경우는 왜 교사를 싫어하는지를 먼저 생각해보고, 아이와 진지한 대화를 해야 한다. 주변의 스트레스로 인한 집중도 저하는 아이와 깊은 대화를 나눌 수 있는 교사가 되어야 해결할 수 있다. 수업에서 교사와 학생 사이의 관계가 올바로 회복되지 않는 한 아이는 언제나 무기력하고 무관심한 상태로 지낼 뿐이다.

따라서 수업에 대해 고민하고 좋은 수업을 위해 역량을 키우는 것 못지않게 중요한 것이 바로 아이와의 따뜻한 관계 맺기다. 아이는 교사를 믿고 따를 때 수업에도 흥미를 보인다. 좋은 수업을 하는 교사는 아이의 마음을 어루만질 수 있는 교사다.

학생은 교사와 인간적인 관계를 형성했을 때 교사의 말을 따른다. 아이와의 친밀한 래포(Rapport)를 형성하고 따뜻한 관심을 갖고 다가가자. 아이의 마음을 어루만지고 편안하게 해주는 것이 이런 무기력한 아이들의 학습 의욕을 살리는 가장 좋은 방법이다.

◀ 아이들에게 가까이 다가갈수록 아이들은 교사가 원하는 행동을 한다.
민들레 3기와의 두레데이트(2000)

교육과정,
수업설계의 프레임

좋은 수업은
교사의
내면에서
나온다

1

첼리스트 장한나가 하버드 대학에 철학을 전공하는 학생으로 입학했던 기사를 기억할 것이다. 어릴 때부터 세상을 놀라게 했던 그가 성인이 되어 음악을 더 잘 이해하기 위해 선택한 것은 뜻밖에도 철학이었다. 그리고 그는 현재 첼리스트 장한나를 넘어서 지휘자 장한나로 전 세계 사람들을 만나고 있다.

인터넷에 떠돌던 흉측한 발 사진의 주인공인 발레리나 강수진은 한국어, 독일어, 프랑스어, 터키어, 영어 등 5개 국어를 구사한다. 그는 춤을 추는 나라의 문화를 더 깊이 이해하기 위해 독일어와 프랑스어를 배웠다고 한다. 발레를 더 잘 하기 위해서 그 나라의 말을 완벽하게 익혔다는 강수진은 지금 세계 최고령 현역 발레리나다.

장한나는 철학을 더 배우지 않아도 최고의 첼리스트였고, 강수진은 나라 말을 익히지 않아도 이미 최고의 발레리나였다. 그러나 그들은 자신이 하는 일을 더 잘 이해하기 위해 남들이 가지 않는 길을 서슴없이 선택했다. 더 깊이 이해하고, 더 크게 생각하기 위해 한 걸음 더 노력하여 지금 세계 최고의 첼리스트, 세계 최고의 발레리나로 우뚝 서 있다.

세계적인 인물이 되기 위해 늘 새로운 생각과 도전을 시도하는 사람들을 떠올려본다. 많은 사람들이 교사가 이런 인물을 길러내는 사람이라고만 생각한다. 물론 그렇기도 하다. 하지만 교사는 그들을 길러내기 때문에 훌륭한 것이 아니다. 좋은 코칭을 하기 때문에 위대한 것이 아니라, 교사는 바로 그런 이들을 닮아 있기 때문에 위대하다.

교사는 그 누구보다 창조적이고 아름다운 일을 하는 사람이다. 사람을 상대로 가장 가치 있는 일을 하기 때문이다. 교사는 그 무엇보다 자신이 교사라는 사실에 자부심을 가져야 하고, 매 순간 얼마나 가치 있는 일을 하고 있는지를 잊어서는 안 된다. 좋은 수업, 좋은 교사, 창조적이고 훌륭한 가르침, 이 모든 것은 바로 자신이 교사라는 사실, 교사의 깊은 내면에서 출발한다.

그렇기 때문에 한 걸음 더 나아가기 위해 수업에서 놓치는 부분을 생각해봐야 한다. 과연 수업을 왜 하는지, 내가 교사라는 것이 무엇을 의미하는지, 되새겨 보고 호흡을 가다듬어야 한다. 그런 고민이 없다는 것은 수업에 있어 치명적 1cm를 놓치는 것과 같다.

수업은 삶에 대한 정체성, 삶의 문제에 대한 깊이 있는 이해, 인간 누구나 기본적으로 가지고 있는 창조적인 부분의 성장, 그리고 삶의 모든 것을 탐구하는 이해력을 기르는 것이어야 한다. 그래서 그 무엇보다 배움의 의미를 탐구해보는 기회를 갖고, 심도 있는 학습을 위해 교사는 고민해야 한다.

그러기 위해서는 첫째, 깊이 있는 학습을 위해서 노력해야 한다. 심도 있는 학습이야말로 학생의 성취를 높여줄 수 있다. 열정적이고 즐거운 창의적인 학습을 장려할 때 비로소 우리는 수업에서 참된 기쁨과 보람을 느낄 수 있다. 깊이가 없는 얕은 지식은 금방 그 한계가 드러난다. 그리고 응용문제에서도 전혀 힘을 발휘하지 못 한다. 살짝 맛만 보고 끝나는 공부로 그칠 것이 아니라, 학생들이 자신의 삶과 문제를 파고들어 고민해볼 수 있도록 기회를 주고 격려해야 한다. 수업에서도 문제를 끝까지 파고들 수 있는 힘을 길러주어야 한다. 많은 문제를 빨리 풀고 끝나는 게 아니라 한 문제라도 끝까지 파고드는 시간과 기회를 주어야 한다.

둘째, 창의성이란 어느 한 분야에만 한정되어 있는 것이 아니라는 것을 인정해야 한다. 창의성은 예술이나 독창성과 같은 한 부분에만 고정되어 있는 것이 아니라 우리 삶 전체를 파고들어 발견해야 하는 모든 것이다. 우리는 학생들이 직면하게 될 수없이 많은 삶의 문제와 고민들을 피하지 않고 마주 바라볼 수 있는 용기를 길러주어야 한다. 창의성은 도전하는 용기, 끝까지 포기하지 않는 힘에서 나오기 때문이다.

『최고의 공부』에서 폴 베이커(Paul Baker) 교수는 "창의성이란 설교, 과학 공식 또는 책이 될 수도 있고, 여러분이 직접 만들어내는 것일 수도 있어요. 체계적인 도로망, 먹음직한 식사, 잘 운영되는 주유소 같은 것일 수도 있죠"라고 말했다.

미용사, 변호사, 역사가, 부동산 중개업자, 과학자, 공학자, 의사에 이르기까지 신선하고 혁신적인 것이라면 모두가 창의적인 일이라고 그는 이야기한다. 또한 그는 창의적인 사람이 되기 위해서는 끝없이 스스로를 이해해야 한다고도 했다. 교사는 수업에서 학생의 배우고자 하는 순수한 호기심을 자극할 수 있는 다양한 방법을 찾아야 한다.

셋째, 교사가 먼저 공부해야 한다. 무언가를 배우고 싶다면 그 한 분야에 미쳐야 한다. 하나를 정해 끝까지 파고들어야 한다는 뜻이다. 다양한 분야에 관심을 가지고 끝없이 탐구하고 도전하는 자세로 노력해야 한다.

그 누구보다도 공부를 많이 해야 하는 사람이 바로 교사이고, 책을 많이 읽어야 하는 사람도 교사이고, 그 어떤 이보다 먼저 도전하는 사람 역시 교사여야 한다. 그것은 학생들에게 삶의 모델이 되고 있고, 누구보다도 많은 영향을 주는 이가 바로 교사이기 때문이다. 배우는 것을 포기하고 노력하지 않을 때 우리는 교사임을 포기하는 것과 같다.

가르치는 것은 타고나는 것이 아니다. 다양한 분야에 관심을 갖고 끝까지 파고드는 자세로 매진할 때 우리는 비로소 남을 가르칠 수 있는 능력과 용기를 가질 수 있다.

교수들의 교수라고 불리는 켄 베인(Ken Bain)은 배움에 대해 이렇게 설명했다.

"세상에 쉬운 것은 하나도 없다. 성장하려면 열심히 노력해야 한다. 우리는 습관적으로 생각하고 행동한다. 배움이란 정신 속에 뿌리 깊게 박혀 있는 버릇들을 벗어던지는 것이다. 그러기 위해서는 스스로를 밀어붙이고, 도전을 멈추지 않으며, 의문을 던지고 노력해야 한다"

교사라면 좋은 수업을 위해 자신의 내면을 갈고 닦아야 할 것이다.

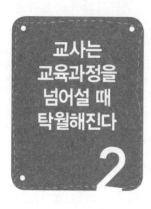

교사는
교육과정을
넘어설 때
탁월해진다

2

가르칠 내용이 많은 경우 수업을 할 때 부담이 많이 됩니다. 학습 내용이 많은 주지 교과를 어떻게 수업해야 할지 궁금하고, 평소에 자신 없는 과목에서도 아이들을 잘 이끌어갈 수 있는 수업 방법을 알고 싶어요. 특히 교육과정을 어떻게 이해해야 할지 궁금합니다.

스탠퍼드 대학교에선 탁월한 능력을 가진 교사들에 대한 공통점을 찾는 연구(1997)를 진행한 바 있다. 연구 결과는 그들의 공통점을 INSPIRE로 압축해놓았다. 탁월한 교사는 다음과 같은 특징을 갖는다.

Intelligent	교수 학습 방법 및 교과목에 대한 전문적 지식을 가지고 있다.
Nuturant	양육과 같이 학생과의 공감대를 형성하기 위해 노력한다.

Socratic	문답식 대화로 수업을 진행한다. **80~90%**는 대화와 질문, 문답을 통해 수업을 진행하고 직접 정보를 전달하거나 설명하는 것은 **5%**의 비율로 수업을 진행한다.
Progressive	외부로부터의 자극에 의해 한 단계 높은 수준으로 끌어올릴 수 있다고 믿는다. 이는 비고츠키의 근접발달이론이나 구성주의의 인지적 도제 이론과 그 맥을 같이 한다.
Indirect	직접적인 피드백이 아니라 간접적인 방법을 통해 스스로 학생들이 잘못된 부분을 깨닫도록 한다. 즉, 학생의 잘못을 즉석에서 수정하는 것이 아니라 또 다른 질문을 통해서 학생이 스스로 잘못을 찾아내고 깨닫게 한다.
Reflective	질문을 통해 학습과정에 대한 성찰을 거치게 한다.
Encouraging	학생의 동기적 측면을 강조하는 특성으로 동기부여에 관심을 갖고 즐겁고 도전적이면서도 비권위적인 학습 환경을 구축해간다.

탁월한 교사의 특성을 이야기할 때 가장 큰 특징으로 제시한 것이 바로 교과에 대한 전문적 지식이다. 교사는 다양한 과목을 가르칠 수 있도록 교수 방법은 물론이고 교과목에 대한 전문적 지식이 있어야 한다.

인터뷰 가운데 자신 있는 과목은 재미를 갖고 열심히 하는데 자신 없는 과목은 대충 수업한다고 말한 교사가 있었다. 국사에 대해 해박한 지식이 없기 때문에 사회 시간마다 고역이라고 한 교사도 있었고, 피아노를 잘 다루지 못 해서 음악 수업 시간마다 인터넷에 나오는 노래를 틀어주고 끝낸다는 교사도 있었다.

초등학교에서는 학생들이 이후의 공부를 체계적으로 해나가기 위한 가장 기본적인 학습 내용을 다루고 있다. 따라서 언어사용능력에 초점을 두고 말과 글을 바르게 사용하는 국어, 연산의 기본 원리를 바탕으로 조금씩 수의 범위를 넓혀가는 수학, 민주 사회 시민으로서 알고 있어야 하는 기초적인 교양을 익히는 사회, 자연과학 현상에 대한 기초적인 이해를 바탕으로 하는 과학 등 교과별로 추구하는 기본적인 목표가 정해져 있다.

총론을 자세하게 살펴보면 학교에서 다루는 교육내용의 수준이 어느 정도인지 이해할 수 있다. 실제 수업에서 교수 방법에 어려움을 겪을 때의 문제란 교과의 내용이 어렵거나 복잡해서가 아니라 어떻게 가르쳐야 할지 감을 못 잡고 있는 것이다. 교사가 지레 겁을 먹고 나는 잘 모르니까, 혹은 나는 잘 못하니까 라고 생각하고 미리 포기해버리는 것이다.

교사는 가르치는 모든 과목의 지도서를 충분히 읽고 어떤 것을 가르치고자 하는지 먼저 그 감(感)을 길러야 한다. 그러기 위해선 학년에 따른 교육과정의 체계와 목표, 교과서에서 다루고 있는 학습 내용에 대해 교사가 먼저 이해해야 한다.

교육과정 재구성은 수업의 프레임을 바로 세우는 일

국민공통교육과정이란 우리 사회에서 살아가기 위해 반드시 필요한 것들을 추려서 묶은 것으로 대한민국 국민이라면 누구나 배우고 익혀야 하는 내용을 단계별로 정리해놓은 것이다. 이때 학습이나 신체에 장애가 있는 학생은 배려되지 않는다.[*] 교육과정은 해당 일수를 계획대로 채우면 모든 학생이 같은 수준에 도달할 것으로 기대하기 때문이다.

★ 해석주의 교육사회학 탐구 1,
강현출판사, 서근원, 2012.

학교교육은 모든 학생이 정해진 수업일수 안에 교육과정의 학습내용을 다 익히는 것에 초점이 있기 때문에, 이 과정에서 학습 속도가 느린 학생이 도태되는 것은 당연하다. 부진학생은 계속 생기지만 이들을 구제할 책임은 오로지 교사에게만 주어진다. 같은 교과서로, 같은 방법으로, 같은 시간 안에 배우는 것이 모든 학생에게 적합한 것은 분명 아닐 것이다.

그러나 교육과정을 재구성하고 융합하여 운영할 때는 숨통이 조금 트인다. 교사가 학생의 수준에 맞게 수업을 구성해갈 수 있는 부분이 바로 여기에 남아 있기 때문이다. 교사는 그래서 교육과정을 이해하고 있어야 하고 꿰뚫다시피 살펴야 하며, 필요한 경우 교육과정의 틀을 과감히 깨고 새로이 틀을 조합할 정도의 역량이 있어야 한다. 이것이 바로 교사의 진정한 수업 역량이다.

교육과정의 총론을 살펴보면 학년별, 학교급별로 달라지는 교육내용을 이해할 수 있다. 총론이 추구하는 방향과 실제 학년별 교육과정의 체계를 살펴보고, 내가 가르치려는 학습 내용이 어떻게 구현되어 있는지 살펴본다. 교과서는 교육과정의 목표에 가장 쉽게 도달할 수 있도록 만들어진 교재다. 그러나 교과서는 쉬운 내용에 필요 이상 긴 시간을 학습하도록 되어 있기도 하고, 불필요한 내용이 들어 있기도 하다. 교과서가 항상 옳은 것이 아니라는 뜻이다.

교육과정 전체를 조감할 수 있는 능력을 갖춘 다음에야 교과서를 보는 눈을 가질 수 있고, 필요에 맞게 틀을 새로 짜 맞출 수 있는 능력 역시 교육과정을 제대로 파고들었을 때에서야 비로소 보인다. 가장 적절한 수준으로 가장 적합한 교재를 이용하여 가장 좋은 교육과정을 꾸려가는 것은 국가가 모두에게 똑같이 주는 것이 아니라 교사가 자신의 교실에 맞게 만들어야 하는 것이다.

교과서를 넘어서야 한다

지금도 교과서는 가르칠 내용이 충분하다. 오히려 교과서 분량이 너무 많다는 것은 현장 교사들이 공통으로 지적하는 부분이다. 교과서의 불필요한 부분은 과감히 생략하고, 다른 부분으로 대체할 수 있어야 하며, 필요에 따라서는 학생의 수준에 가장 적합한 형태로 수업을 융통성 있게 구성해야 한다.

예를 들어 음악 감상 수업을 준비한다면 교과서로 끝내는 것이 아니라 한 걸음 나아가 주제에 맞는 다른 음악은 무엇인지 찾아보고, 이를 어떻게 감상할지 생각해 본다. 교과서 감상법은 음악을 들은 후 떠오르는 느낌을 모양이나 선으로 표현하게 하는데, 아이들이 좋아하는 데칼코마니나 마블링처럼 대치할 다른 방법을 생각해보는 것이다. 미술은 디자인 수업과 음악 감상하기 수업을 융합해야 하기 때문에 단기 프로젝트를 계획해야 한다. 물론 처음에는 이런 시도가 어설플 수도 있다. 그러나 이렇게 엉뚱하고 말이 안 되는 것처럼 느껴지는 시도야말로 수업에서 교사의 창의성을 발휘할 수 있는 기회나.

그러나 교사가 이렇게 저렇게 생각해보고 고민하지 않으면 결코 수업은 과거에서 단 한 발짝도 나아가지 않는다. 교사가 끝없이 다양한 방법을 시도하고 도전할 때, 비로소 견고하게만 보이던 교육과정의 틀은 말랑해지기 시작한다. 동학년이나 교과연구회 교사들과 이런 노하우를 나눈다면 함께 하는 교사 모두가 성장할 수 있는 좋은 기회가 될 것이다.

◀▌ 수업하기 위해서 최적의 교육환경은 어떤 모습일까요?

수업을 위해 갖춰야 할 교육환경은 크게 내적인 환경과 외적인 환경으로 나눌 수 있다.

먼저 내적인 환경은 학생들이 수업에 참여할 때의 학습 분위기를 말한다. 즉, 학생이 최상의 컨디션을 갖고 참여하며, 자신이 가지고 있는 역량을 충분하게 발휘할 수 있도록 허용적이고 편안한 분위기를 조성하는 것을 의미한다.

학생들이 틀려도 주눅 들지 않고 언제나 웃으면서 수업에 참여할 수 있는 분위기, 어떤 말이든 자신 있게 할 수 있는 분위기는 교사가 만든다. 교사가 많이 웃고 행복한 교실에서 학생도 편안하다. 어떤 말이든 수용해주는 분위기야말로 학생들이 편안하게 공부할 수 있는 내적인 환경이라 할 수 있다.

외적인 환경은 수업을 위한 공간 활용을 말한다. 수업을 편하게 진행하기 위해서는 학생들이 앉아있는 자리 배치부터 칠판 활용 및 게시물에 이르기까지 모든 것이 학생들의 입장에서 생각하고 꾸며져야 한다.

그러기 위해서,

- 공간을 최대한 활용할 수 있어야 한다.
- 주변이 깔끔하게 정리되어야 한다.
- 필요한 경우 언제든지 얼굴을 마주보고 이야기할 수 있도록 유동적으로 자리를 배치해야 한다.
- 교사와 학생이 눈을 마주칠 수 있어야 한다.

학생들이 활동하기에 교실은 그다지 넓지 못하다. 한정되어 있는 공간을 어떻게 하면 최대로 넓게 활용할 것인지에 대한 고민이 그래서 필요하다. 동선을 확인하여 평소에 학생들이 돌아다닐 때 평소에 학생들이 돌아나닐 때 방해가 될 어떤 물건도 없도록 책상과 의자 주변에 일체의 물건을 놓지 않도록 지도한다. 보조가방은 물론이고 학생의 기본적인 소지품도 모두 사물함에 들어가 있도록 하여 학생들이 이용하는 최대의 공간을 확보해야 한다.

주변이 정돈되면 학생의 활동이 편해지는 것은 물론이고 교사가 학생에게 다가가기에도 편하다. 교사가 교실을 순회할 때 교사의 발에 걸리는 물건이 있어서도 안 된다. 교사가 이동할 때 편하면 학생 역시 그러할 것이다. 학생과 교사 사이에는 아무 물건도 없는 것이 가장 다가가기 좋으므로 교실 안은 늘 정돈된 상태로 유지해야 한다.

또한 학생의 시선 집중을 방해하는 물건이 벽에 붙어있지 않도록 한다. 어떤 학급에서는 학생들이 어떻게 교사에게 집중할까 싶을 정도로 칠판이나 교실 옆 벽면에 게시물이 많은 경우가 있다. 학생의 시선을 교사에게서 뺏는 물건이 없도록 깔끔한 상태를 유지한다.

교실 칠판과 옆면에는 가급적 게시물을 붙이지 않고, 교실 벽면에도 학생의 눈을 끄는 물건들이 붙어 있지 않도록 하여 주의를 흩트려놓을 일체의 사물을 배제하는 것이 가장 좋다.

교실에서 할 수 있는 가장 나쁜 자리 배치는 학생이 교사를 등지고 앉는 것이다. 학생들은 언제나 교사를 바라보기에 가장 좋은 형태에서 학습해야 한다. 교사와 등을 돌린 상태에서 수업을 하는 것은 라디오에서 흘러나오는 이야기를 듣는 것과 다르지 않다. 수업뿐 아니라 평소에도 교사가 놓치는 학생이 있어서는 안 되고, 학생은 어떤 자리에서도 교사를 제대로 볼 수 있어야 한다.

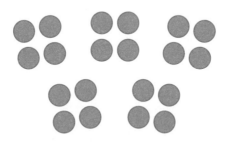

▲ 앉았을 때 학생끼리 겹쳐지지 않아서 교사와 학생 상호간의 시야를 방해하는 일이 없어야 한다.

수업에 따라서 분단 형태가 적합하기도 하고, 모둠 형태가 적합하기도 하다. 그러므로 자리는 학습 상황에 따라 융통성 있게 바뀔 수 있어야 하고, 이를 위해 유동적인 자리 움직임이 학생들과 교사 상호간에 약속되어야 한다. 따라서 학생과 교사가 서로를 보기에 가장 좋은 자리로 배치하고 토의가 필요한 상황에서 배열을 바꾸면 된다.

나도 아이들을
수업에 빠져들게 할 수 있다

교사의 질문이 좋은 수업을 만든다

1

수업 시간에 아이들에게 질문을 던지면 제가 하는 말을 못 알아들을 때가 많습니다. 어떤 식으로 물어봐야 하는지 모르겠습니다. 좋은 질문이란 어떤 것인지 또한 어떻게 물어봐야 효과적인지 궁금해요.

지난 5년 동안 교생들의 수업실습을 수없이 봐왔다. 덕분에 수업 경험이 미숙한 수업자의 발문에는 공통적인 특징이 있다는 것을 발견할 수 있었다. 경험이 부족한 수업자일수록 발문이 길고 한 번의 발문으로 답을 얻으려고 한다. 그러나 학생의 수준은 그야말로 천차만별이다. 한 번만 물어봐도 교사가 요구하는 답을 금방 찾아내는 아이가 있는가 하면, 어떤 아이는 질문 자체를 이해하지 못하는 경우도 있다.

그래서 학생의 수준이 고려되지 않는 발문은 학생들에게 아무런 도움이 되지 못한다. 질문과 답을 통해 생각이 넓어지는 것이 아니라 거꾸로 학생들이 사고를 중단하고 질문이 무슨 뜻인지 생각해야 하기 때문이다. 따라서 수업 시간에 꼭 질문해야 한다고 생각되는 핵심 질문을 미리 계획한 다음 수업을 진행해야 한다.

수업에서 핵심이 되는 내용은 교사가 몇 번이고 되물어 학생들이 완벽하게 이해하고 숙지할 수 있도록 해야 하는데, 그 과정에서 놓치는 학생이 없도록 학생의 수준에 맞는 쉬운 용어로 물어야 한다. 초등학교 수업에서는 특히 어려운 용어를 쉬운 말로 풀어서 설명할 수 있어야 하고, 쉽게 또는 어렵게 자유자재로 발문할 수 있어야 한다.

3학년 도덕 교과서에 '진정한 감사' 단원이 있다. 그런데 아이들은 제목의 의미조차 모르고 있는 경우가 많다. 이 경우 아이들에게는 '진정한'이 무슨 뜻인지 질문을 통해 추측해보게 하고, 교사가 쉽게 풀어 다시 설명해 주어야 한다. 즉, '진정한'은 '진실한'과 같은 뜻이고, '진짜'라는 단어와 바꿔쓸 수 있다고 풀어서 설명해주는 것이다.

무엇보다 학생에게 교사가 질문할 때는 의도적이고 계획적이어야 하므로 좋은 질문을 위해 부단한 연습을 해야 한다.

좋은 질문을 하기 위해서 첫째, 길게 묻는 습관을 버려야 한다. 초등학생은 긴 질문을 들으면 앞의 내용을 뒤에서 잊어버린다. 안타깝지만 교사가 아무리 수준 높은 질문을 하더라도 질문이 길어지면 그 질문에 대해서는 극히 일부의 학생들만 이해하므로 짧고 간결하게, 핵심을 질문해야 한다.

둘째, 즉답을 요구하지 않는다. 어떤 답이든 즉각적인 경우, 좋은 생각이 아닐 때가 많다. 충분히 생각한 다음 답할 수 있도록 사고할 시간을 넉넉하게 주어야 한다. 교사가 즉답을 피하고 대기 시간을 줄 경우 학생의 응답을 늘릴 수 있고, 다양한 답을 기대할 수 있다.

셋째, 수렴적 질문과 확산적 질문을 적절하게 응용한다. 수렴적 질문은 정답 여부를 쉽게 확인할 수 있는 질문으로 'study의 뜻이 무엇인가?'와 같이 답이 바로 나올 수 있는 질문이다. 확산적 질문은 답이 하나가 아닐 수 있는, 개방적인 답을 원하는 질문이다. 수업 내용에 따라 수렴적 질문과 확산적 질문을 적절하게 섞어서 수업하는 것이 좋다.

넷째, 잘못된 대답이어도 스스로 깨닫고 고칠 수 있도록 학생에게 질문을 통한 수정과 보완의 기회를 준다. 한 질문에 대해 최대한 여러 명의 답을 들어보아야 아이들은 어느 부분이 잘못 되었는지 스스로 느낄 수 있다. 질문을 한 다음은 여유를 갖고 학생들의 다양한 생각을 수용하도록 한다.

발문하고 적어도 5초는 기다려야 한다

교사가 발문한 다음 기다리는 시간을 대기 시간이라고 한다. 일반적으로 교사가 새로운 질문을 하거나 한 학생이 발표하고 다음 학생의 발표가 나오기까지 기다리는 시간을 대기 시간으로 본다.

쿠퍼(Cooper)는 교사들이 발문한 다음 3~5초만 기다리면 학급에서 변화가 일어날 것이라고 말했다. 그는 교사가 기다려주면 학생이 좀 더 길고 자세한 대답을 할 수 있고, 질문에 요구하는 내용에 더 가까운 응답을 할 수 있을 뿐 아니라 상대적으로 반응이 느린 학생들도 답을 할 수 있는 비율이 향상된다고 했다.

밀러(Miller)는 교사들이 기다리는 시간을 길게 했을 때 창의성을 자극

하는 발문이 증가한다고 했다. 특히 이때 학생이 질문을 이해하지 못하는 일이 줄어든다는 결과를 발표하기도 했다.

앞의 연구결과에 따르면 단 몇 초를 기다려주는 것만으로도 학생의 반응이 풍부해지고 실수가 줄어든다고 한다. 학생의 생각이 정리될 때까지 적어도 몇 초의 시간은 기다려주는 여유를 갖고 수업을 하자.

생각의 속도가 느린 학생들의 의견까지 듣기 위해 교사는 기다려야 한다. 한 가지 질문에 여러 명의 생각을 듣고 함께 이야기를 나누고 생각해보는 것이다. 발문 후 여러 명의 의견을 들어보고, 다른 친구의 생각을 어떻게 생각하는지 학생들로 하여금 발표해보게 한다. 다른 사람의 생각을 생각해보는 것은 창의성을 기르는 가장 심도 있는 훈련 중 하나다.

수업을 산으로 가게 만드는 질문에 대처하기

수업 시간에 질문을 많이 하는 학생이 있다면 반가울 것이다. 그런데 시간을 끌기 위해 하는 불필요한 질문이라면 어떻게 해야 할까? 학생 중에는 일부러 질문을 던져 교사가 시간을 보내도록 의도적인 장난을 치는 경우도 분명 있다. 그러므로 수업을 산으로 가게 하는 질문에 대해 대처하는 방법을 미리 생각해두어야 한다.

함께 생각해볼 심화된 질문이라면 얼마든지 수용해야 하지만, 의도적으로 수업의 흐름을 끊기 위해 질문을 하고 있다면 이것은 전혀 다른 상황이다. 왜 수업 중 이런 행동을 하는지 학생과 깊이 있는 대화를 나누어야 하는 문제일 수 있다.

수업에서 미처 해결하지 못한 질문이 있다면 공책에 적어서 좀 더 생각해보게 하거나, 다음 시간까지 같이 알아볼 수 있도록 학급 홈페이지의 인터넷 공부방을 활용하는 것이 좋다. 만약 학생이 수업과 전혀 상관없는 질문을 하고 있다면 쉬는 시간에 따로 물어보게 한다.

중요한 것은 장난이든 그렇지 않든 학생이 수업 중에 물어보는 질문에 교사가 늘 소중하게 귀담아 듣는 자세를 보여주어야 한다는 것이다. 엉뚱한 질문도 많고 필요 없는 질문도 많아 보이지만 그 속에서 아이들의 창의성과 호기심이 커가기 때문에 질문에 대해서는 먼저 긍정적인 반응을 보이고, 그 다음 질문의 처리에 대해 학생들에게 분명하게 밝혀둔다.

흥선대원군의 척화비에 대한 수업을 하고 있는 중이다. 척화비를 세운 이유와 그 역사적 배경에 대해 배우는 것이 수업의 주제다.

교사　흥선 대원군이 세운 척화비는 어떤 뜻이 있을까요?

학생1　오랑캐를 막아내겠다는 뜻입니다.

학생2　근대화를 하지 않겠다는 의지를 보인 것입니다.

학생3　그런데 흥선대원군은 젊었을 때 거지였잖아요? 거지가 왜 대원군이 됐어요? (수업 주제인 '척화비'와는 관계없는 질문이다.)

교사　그래요. 흥선대원군의 젊은 시절을 기억하고 있네요. (학생의 질문에 대해서 먼저 긍정적인 반응을 보인다.) 흥선대원군은 젊었을 때 다른 대신들에게 가서 구걸 할 정도로 어렵게 지냈지만 결국 고종이 왕이 되기 때문에 대원군이 되는 거죠. (이미 학습한 내용이므로 간단하게 짚어준다.)

이 과정에 대해서는 지난 시간에 이미 배웠죠? 아마 ○○이도 알고 있을 거라고 생각해요. 혹시 기억이 안 나면 공책을 참고하세요.

학생3　그런데 거지가 대원군이 될 수 있나요? (다시 같은 질문을 반복하고 있다.)

교사　○○이는 그 부분이 무척 궁금한 것 같구나. (질문에 대해 먼저 긍정적인 반응을 보인다.) 그 부분은 이미 배웠던 거니까 이 얘기는 여기까지만 하겠어요. 더 궁금한 것은 쉬는 시간에 와서 물어보거나 공책에 적어놓으면 선생님이 답해줄게요. (거듭된 질문에 대한 추수 지도 의사를 밝힌다.)

교사의 착한 질문
VS
교사의 나쁜 질문

교사의 착한 질문 vs 교사의 나쁜 질문 1 (시조의 형식)

교과서에 나온 시조를 읽고 이해하는 수업이다. 학생들은 두 개의 시조를 읽고 두 시조가 쓰인 역사적 배경을 생각해보며, 시조가 갖는 일정한 형식에 대해서 배운다. 같은 주세로 수업하는 교사 1의 질문과 교사 2의 질문을 살펴보겠다.

● 하여가(何如歌)

이런들 어떠하리 저런들 어떠하리
만수산 드렁칡이 얽혀진들 어떠하리
우리도 이같이 얽혀 백년까지 누리리라.

● 단심가(丹心歌)

이 몸이 죽고 죽어 일백번 고쳐 죽어

백골이 진토 되어 넋이라도 있고 없고

님 향한 일편단심이야 가실 줄이 있으랴.

교사1 방금 시조를 두 개 읽었습니다. 이 시조의 형식과 특징에 대해 말해보

세요. (형식과 특징이라는 단어 두 가지가 다 어려운 용어며, 아직 직관적으로 시조

의 형식이 이해되지 않은 상태라서 학생들이 대답하기 어렵다.)

그러면 두 시조의 글자 수를 말해보세요. (시조의 형식에 대한 설명이 없었

으므로, 글자 수를 말하라는 질문도 학생들은 무슨 말인지 한 번에 이해하기 어렵다.)

첫줄을 초장이라고 해요. 초장의 글자를 읽어봐요. 무슨 공통점이 있

죠? (두 번째 질문에 대한 답이 없으므로, 학생이 생각해볼 여지가 없이 교사가 대

신 답하고 있다.)

교사2 방금 읽은 시를 뭐라고 부를까? (많은 학생들이 대답할 수 있다.) 다른 시에

서는 한 줄을 뭐라고 부르죠? (이미 학생들이 알고 있는 쉬운 질문이다.)

그래요. 행이라고 합니다. (학생의 응답을 정리해준다.)

시조에서는 이 한 줄을 다른 이름으로 불러요. 뭐라고 부르면 좋을까

요? (학생들이 자유롭게 이름을 붙여보게 한다.)

첫줄은 초장이라고 해요. 가운데는 뭐라고 할까요? 마지막은? (학생들

이 이름을 먼저 지어보게 하는 과정을 거쳤으므로 시조의 행을 부르는 이름이 따로

있다는 것을 이해하기 쉽고, 기억에도 오래 남는다.)

이제 두 시조를 비교하기 위해서 다시 읽어볼게요. 두 시조를 동시에

읽으려면 어떻게 하면 좋을까요? (학생들이 어떤 식으로 읽을지 생각해보고 아이디어를 낸다.) 좋아요. 그럼 두 시조의 초장을 각각 번갈아 읽어볼게요. (두 시조를 한 줄씩 번갈아가며 읽게 한다. 글자의 수가 같다는 공통점을 아이들이 직관적으로 파악할 수 있다.)

어떻게 하면 더 재미있게 읽을까요? (아이들에게 읽는 방법을 생각해보게 하고 있다.) 그러면 그 방법 중에서 손뼉을 치면서 읽어볼게요. (끊어 읽으면서 손뼉을 쳤기 때문에 글자수에 대한 직관적 이해가 이루어진 다음이다.)

공통점은 무엇이었을까요? (학생들의 다양한 응답을 충분히 들어준다.)

시조는 살펴본 것처럼 내용은 달라져도 그 기본 틀은 같아요. 이것을 시조의 형식, 즉, 틀이라고 해요. (핵심내용이므로 판서로 정리한다.)

교사의 착한 질문 vs 교사의 나쁜 질문 2 (시 감상하기)

국어 교과서의 시 감상하기 수업에서는 특히 다양한 시를 경험하게 하고, 이를 함께 생각하고 이야기하는 사고 확장하기 수업이 시 감상 능력을 기르는 데 효과적이다. 교과서 밖의 다양한 작품을 읽어보는 것, 한 작품을 깊이 생각해보는 것 모두 중요하다. 교과서대로 질문하는 것은 학생들이 막연하게 느껴져 쉽게 답할 수 없으므로 반드시 교사가 의도적으로 이후 반응까지 고려하여 물어야 한다.

교사 1 참새 시 읽었지? 방금 읽은 시에 대해 느낌을 말해보자. (이렇게 교과서 그대로 물어보면 우수한 학생 몇만 답할 수 있다.)

교사 2 방금 어떤 시를 읽었어요? (어떤 학생이든 답할 수 있는 쉬운 것부터 묻는다.)

학생   참새입니다.

교사   참새 시에서 눈에 띈 부분이나 재밌게 생각한 부분이 있었나요?

학생   짹짹짹, 하고 소리 낸 부분이었어요. 왜냐하면 참새들이 짹짹짹 하고 소리내는 것을 흉내 낸 게 웃겼거든요.

교사   그럼 우리 다 같이 짹짹짹, 소리 한 번 내볼까?

학생   소리를 흉내 낸다.

교사   ○○이가 재밌게 소리를 잘 내는구나. 한 번 크게 흉내 내볼까? 정말 실감나는구나. (긍정적 반응을 보인다.) 좋아, 또 재미있는 부분은 어디였어요? (학생들은 한 번 대답이 나온 질문에 대해서는 자신감이 생겨 더 활발하게 말한다. 몇 번이고 물어 다양한 응답을 들어본다.)

    이 시를 들으면서 머릿속에 어떤 상상을 했는지 말해볼까요? (이 때 응답이 없는 경우는 상상이라는 말을 이해하지 못했기 때문이다. 학생의 반응을 살피고 다시 물어봐야 한다.) 상상한다는 게 어떤 건지 누가 설명해줄래요? (학습 수준이 뛰어난 학생들은 수업 내용이 지루하다고 느끼는 경우도 많다. 이런 학생들에게 알고 있는 내용을 친구들에게 가르쳐주게 하면 학습에 적극적으로 참여하게 된다.)

학생   상상은 머릿속에 어떤 장면을 떠올리는 것을 말합니다.

교사   혹시 다르게 생각하는 어린이가 있나요? (다른 반응도 수용한다.)

교사   ○○이가 이야기한 것처럼, 상상이란 머릿속에 어떤 장면을 떠올리는 것을 말해요. 아까 참새 시를 읽으면서 어떤 것을 머릿속에 떠올렸는지 이야기해볼까요? (짧고 군더더기 없이 핵심을 물어야 학생들이 긴 문장을 이해하느라 시간을 소비하는 일을 하지 않게 된다.)

학생   참새가 모여서 떠드는 것을 떠올렸습니다.

교사   아, 참새가 모여서 떠들고 있는 것처럼 상상했구나. (상상이라는 단어를 새로 배운 다음이므로 이 때 학생의 대답을 상상이라는 용어를 써서 다시 말해준다.)

또 다른 것을 머릿속에 그려본 친구 있을까?

학생에게는 수업에 적극적으로 참여하고 자신의 생각을 이야기할 수 있는 기회가 필요하다. 쉽고 단순한 질문부터 어렵고 복잡한 질문인 '왜 그렇게 생각하는지'에 이르기까지 다양한 질문이 교사에게서 나올 수 있어야 학생들의 사고를 확장시킬 수 있다.

수업을 설계할 때 가장 중점을 두고 고민해야 하는 것은 무엇일까?

배움이라는 양식을 얻기 위해 숟가락을 쥐고 있는 것은 교사가 아니라 학생이다. 학생 스스로 무엇을 배우고자 하는지 끝까지 초점을 놓치지 않고 학습목표를 바라보게 해야 한다.

함께 근무했던 하춘영 선생님의 수업에 대해 소개하고자 한다. 선생님의 수업은 늘 섬세하게 고민한 것이 느껴졌는데, 특히 인상 깊었던 것이 바로 학습목표를 공책에 쓰게 하는 것이었다. 선생님은 아이들에게 매시간 학습목표를 빠짐없이 기록하게 했는데, 다음과 같은 식이었다.

ⓝ : 내가 생각하는 학습목표
ⓤ : 우리가 정한 학습목표

학습목표에 대한 것을 떠올릴 때마다 그 반 학생들의 빼곡하고 깔끔하게 정리되어 있던 필기가 떠오른다. 그 선생님과 함께 한 학생들의 수업은 분명 질적으로 우수한 수업이었을 거라고 확신한다. 목표가 뚜렷한 수업은 그렇지 않은 수업과 근본적으로 차이가 있기 때문이다.

배가 먼 바다에서 풍랑을 만나도 나침반만 제대로 작동하면 반드시 길을 헤쳐갈 수 있는 것처럼 학습목표를 놓치지 않으면 수업 시간에 다른 무엇보다 수업 목표를 도달하기 위한 활동에 초점을 둘 수 있다.

과거 수업은 대부분 교사가 학습목표와 주제를 모두 정해놓고 학생들을 이끌어갔다. 즉, 교사가 제시하는 수업 목표를 학생이 따라가는 식이다.

"이 시간에는 ~에 대해서 배워야 하니까 ~을 하자"

가 수업의 틀이었다. 이런 수업은 주도권이 물론 교사에게 있다. 저학년에서는 교사가 학생들을 인도하고 안내하는 것이 자연스럽다. 그러나 대상이 고학년이라면 이야기가 달라진다.

고학년에서는 그날의 학습 주제를 정한 다음 어떤 수업을 하면 좋을지 학습활동을 결정하게 하는 학생 주도의 학습이 충분히 가능하다. 이른바, 수업에 있어 주제와 관련된 큰 틀은 교사가 제시하되, 나머지 세부적인 학습목표와 활동을 정하는 일은 학생의 자율적인 선택에 맡기는 것이다.

다만, 학생들에게 처음부터 학습목표와 활동을 자율적으로 선택하고 기획하도록 하면 당연히 중구난방으로 헤매기 십상이다. 학생들이 스스로 수업을 만들어갈 수 있으려면 교사가 먼저 학습의 주제에 대해 충분히 이해하고 있어야 한다. 그리고 학생들에게 최선의 선택을 할 수 있는 분위기와 시간적인 융통성을 부여해야 한다. 그 다음은 교사와 학생이 함께 만들어가면 된다.

 자신이 생각하는 학습목표를 적고, 모두가 함께 정한 학습목표를 기록하는 것으로도 학생들은 학습에서 도달해야 하는 목표를 인지하는 데 큰 도움이 된다. 학습문제는 그 시간에 도달하고자 하는 수업의 목표이므로, 이 부분이 학습의 마무리 단계에서 어떻게 해결되었는지 교사는 파악해야 한다. 즉, 수업의 처음과 끝이 학습목표와 활동정리 및 평가단계에서 서로 유기적으로 연계되어야 한다.

 아이들과 같이 '임진왜란 후 사람들의 생활 모습 변화에 대해 알아보기'를 학습목표로 정해놓고, 임진왜란을 일으킨 왜(倭)에 대해서 성토하는 것으로 수업을 끝내서는 안 된다. 수업의 목표는 수업을 이끌어가는 핵심 축이다. 이 안에서 모든 수업 활동이 이루어져야 하며 수업의 마무리에서도 이 목표에 얼마나 도달했는지 살펴봐야 할 것이다.

나만의 수업시작 필살기를 개발하라 3

過학 과목 같은 경우는 실험을 위해 시간을 아끼느라 재미있는 동기 유발을 생각할 여유가 없습니다. 어떤 식으로 해야 수업을 재미있게 시작할 수 있을까요?

런던 과학관의 STEM수업에서는 미스테리 박스(Mystery Box)를 준비해서 안에 작은 물체를 숨겨두고 어떤 물건이 들어있는지 추측하게 하는 과정을 토의하게 한다. 아이들은 만져보고, 냄새를 맡고, 흔들어보고, 소리를 들어보는 등 오감을 총동원해서 어떤 물건이 들어있는지 알아내며, 이 과정을 통해 과학자처럼 생각해보는 경험을 갖는다.

실제 이 미스테리 박스에 들어있는 물체를 맞히게 하는 수업을 광주에서 새내기 선생님들과 같이 모둠 토의활동으로 진행해보았다.

속에 들어 있는 주사위가 구르는 소리를 듣고, "만약 각이 진 물체가

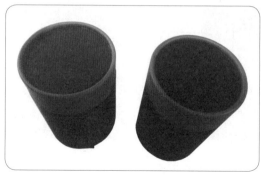 

▲ 겉을 가려놓고 속에 작은 물체를 숨겨놓는 미스테리 박스　　▲ 미스테리 박스 안의 물체

아니라면 구르다가 멈출 때 딸깍하는 소리가 나지 않겠지요? 그러니까 이것은 직육면체의 모양을 하고 있고, 소리가 균일한 걸로 짐작해볼 때 크기가 같은 면을 가진 작은 물체라는 것을 알 수 있습니다. 그래서 주사위라고 생각했어요"와 같이 토의결과를 발표한 팀이 있었다. 기존에 알고 있는 과학적 지식이 총동원된 결론이라고 했다.

과학 수업에서 반드시 필요한 추측, 예상, 토의, 결론 등을 도출해내는 과정이 이 안에 모두 들어있었다. 재미있는 것은 수업에서 아이들 역시 비슷한 결론을 내렸다는 것이다. 평소의 과학 수업에서는 좀처럼 볼 수 없는 적극적인 참여와 토론이 있었고, 아이나 교사 모두에게 흥미롭고 신선한 자극을 줄 수 있었다.

프로쇼(Proshow)를 활용하면 사진 한 장을 보여주더라도 흥미롭게 제시할 수 있다. 수업 시간에 활용해보면 교사의 집중하라는 백 마디 잔소리보다 이 프로쇼 한 장의 사진이 갖는 효과가 얼마나 큰지 알 것이다.

스토리텔링을 잘하는 교사라면 수업을 재미있는 동화나 이야기로 시

▲ 프로쇼로 가려놓은 사진   ▲ 원본 사진
[사진 출처: http://smgc.go.kr(새만금 아리울) 2012.7.19. 공개 항공사진]

작할 수 있다. 아이들이 관심을 가질 만한 이야기를 통해 수업을 시작하는 것이다. 손가락 인형 몇 개로도 아이들의 시선을 단번에 사로잡을 수 있다.

다음 사진은 저학년 수업을 할 때 특히 재미있게 활용했던 마블러스 블록으로 진행한 STEAM 수업 장면이다. 저학년 아이들은 블록을 갖고 놀듯이 진행하는 수업을 무척 좋아했다. 처음 블록 상자를 열었을 때 아이들의 환호성을 잊을 수 없다. 나에게 마블러스 블록이나 프로쇼는 나만의 수업시작 필살기다.

수업에 관심을 가진 교사라면 수업에서 호기심을 불러일으킬 수 있는 것은 무엇이든 시도해봐야 한다. 과목마다 활용할 수 있는 미스테리 박스를 교사가 준비해두고 이를 매 시간 적용해보는 것이다. 나만의 필살기를 준비해놓고 이것을 다양한 과목에 시도하다 보면 자연스럽게 아이들에게 어떤 식으로 접근하는 것이 좋은지 느낄 수 있다.

교과서 밖의 시를 암송하고 느낌을 이야기하는 것으로 시작하는 국어 수업, 재미있는 수학 이야기를 통해서 시작하는 수학 수업, 그림 속의 과학과 수학을 찾아내는 융합 수업, 역사적 사건을 스토리텔링으로 다루는 사

▲ 마블러스 블록을 활용한 수학 STEAM수업 장면

회 수업 등 자신 만의 독특한 수업시작 필살기를 갖고 있어야 모든 과목에서 자신 있게 수업할 수 있다.

강의식 수업에선 아이들이 굉장히 지루해합니다. 어떻게 하면 아이들이 지루해하지 않고 일방적으로 전달하는 식의 수업에서 벗어날 수 있을까요?

분명한 것은 모든 강의식 수업이 다 나쁜 것은 아니라는 것이다. 경우에 따라서는 강의식 수업이 필요하기도 하고 주입식 교육이 필요한 순간도 있다. 이해 수준이 높을 때는 강의식 수업을 해도 얼마든지 학생들이 배움을 주도할 수 있다. 대학교에서 강의식 수업을 하는 이유도 그래서다. 학생들의 수준이 강의를 이해하기에 충분하고, 교수가 일방적으로 학습 내용을 전달해도 학생이 자발적인 학습 동기를 갖고 공부하기 때문이다.

예를 들어, 리코더를 처음 배우는 3학년 아이들을 지도하려면 먼저 악기 쥐는 바른 자세부터 가르쳐야 한다. 이때 가장 좋은 지도 방법은 설명이다. 모든 아이들이 교사에게 집중한 상태에서 아이들에게 쥐는 방법을 설명하고, 그 다음은 개별적으로 리코더를 쥔 상태를 교사가 체크하는 것이 가장 효과적이다.

실험 전에 실험 기구를 잘못 사용했을 때 일어날 수 있는 다양한 위험 상황에 대해서는 학생에게 '설명'해야 한다. 그리고 제대로 실험기구를 다루지 않았을 경우 벌어질 상황에 대해 강하게 지도해야 한다. 이것은 수십 번 강조해도 절대 지나치지 않을 실험안전에 대한 가장 좋은 지도 방법이다. (게다가 그렇게나 강조해도 실험실에서는 종종 돌발 상황이 벌어진다.)

같은 수업 안에서도 필요에 따라서는 어느 부분은 설명을 하고, 어느 부분은 문답해야 한다. 보통 설명은 학생들이 학습에 관련된 내용을 반드시 기억해야 하는 상황에서 필요하다. 꼭 필요해서 설명하더라도 설명 자체가 길어지면 아이들은 지루해하고 집중하지 않는다. 학생 입장에서는 '일방적인 듣기'이기 때문이다. 그러나 일방적인 듣기에서 약간의 변형을 시도하면 아이들은 가만히 앉아서 듣기만 하는 것에서 벗어날 수 있다.

교사	오늘은 리코더를 처음 배우는 시간이에요. 리코더를 바르게 쥐는 자세를 가르쳐줄게요. (리코더를 쥔 상태를 학생에게 시범 보인다.)
학생	따라한다.
교사	그런데 왜 오른 새끼손가락을 리코더에 갖다 댔을까요? 그 이유에 대해 한 번 이야기해볼까요?
학생	처음 다뤄본 악기이므로 쉽게 대답하지 못한다.

교사	(학생들이 이해하지 못할 경우 질문을 다시 쉽게 바꾸어 물어야 한다.) 리코더에 오른쪽 새끼손가락을 갖다 댔을 때와 아닐 때의 차이점을 찾아보세요.
학생	오른쪽 새끼손가락을 갖다 대지 않으면 리코더가 흔들려요.
교사	리코더가 흔들리면 어떻게 될까?
학생	리코더를 바르게 쥐지 못해서 아마도 소리가 잘 안 나고 불편할 것 같아요.
교사	그래요. 리코더를 바르게 쥐고 소리를 내기 위해서는 이 부분이 리코더와 꼭 닿아있어야 해요. 그래서 여러분은 오른손 새끼손가락을 반드시 이 부분에 갖다 대도록 해야 합니다. (다시 시범을 보인다.)

앞에서 본 탁월한 교사의 특징 중 하나가 문답식 수업을 한다는 것이었다. 위와 같이 약간만 변형해도 지루한 설명식 수업에서 탈피할 수 있다. 문답식 수업은 설명식 수업보다 기억에 오래 남을 뿐 아니라 학생들이 수업에 적극적으로 참여한다는 점에서도 훌륭하다.

초등학생은 일방적인 듣기로는 배우는 내용이 기억에 남지도 않을뿐더러 주의가 금방 흐트러진다. 학생의 주의 집중 시간이 짧다는 것을 고려해 교사의 설명은 최소한으로 짧고 간결해야 하며, "그리고, 또, 아, 뭐가 있었지?"와 같이 길게 덧붙여가면서 말하는 습관을 버려야 한다.

수업에서 교사가 일방적으로 설명하는 비율을 최소한으로 낮추는 연습을 해야 한다. 짧고 간결하게 설명하되, 주로 묻고 답하는 형식을 취해 아이들이 가르치는 내용에 대해 적극적으로 참여하고, 배운 내용을 스스로 정리하는 습관을 갖게 해야 한다. 틀린 부분이 있어도 문답을 통해서 학생들이 스스로 깨우칠 수 있다면 그것이 교사의 설명을 통해 바로 답을 찾아내는 것보다 더 좋은 지도 방법이다.

교사가 모든 것을 설명하면 수업 자체는 무난하게 흘러갈 수 있을지 모르지만 학생에게는 남는 것이 없다는 것을 기억해야 한다.

교사의 언어, 반말과 높임말 사이

수업 중에 아이들에게 높임말을 해야 할지 반말로 해야 할지 고민한 적이 있을 것이다. 물론 아이들에게 높임말을 쓰는 것이 더 좋다. 말은 상대를 향한 내 마음을 담는 그릇이다. 아이들을 위해 가장 좋은 그릇에 교사의 말을 담는 것은 그 어느 상황에서도 옳은 일이다. 교사가 존재하는 이유는 가르쳐야 하는 아이들이 있기 때문이다. 이런 마음을 표현하는 방법 중 하나가 아이들에게 높임말을 사용하는 것이다.

높임말을 하기 때문에 아이들과 거리를 두는 것 같아서 싫다고 생각할 수 있지만, 쉬는 시간에는 편하게 말하더라도 수업 시간에는 높임말을 쓰는 편이 낫다. 교사가 아이들에게 높여 말하면 아이들이 교사에게 함부로 말하는 일 역시 없어지며, 잘못된 행동에 제재를 가해도 아이들을 함부로 대하거나 무시하는 느낌을 주지 않는다.

"그렇게 돌아다니면 다른 친구에게 피해 줄 수 있으니까 자리에 앉으세요"라고 하는 것과 "야, 그렇게 하지 마. 빨리 앉아"라고 하는 것은 분명 큰 차이가 있다. 아이들에게 필요한 것은 사랑받고 존중받는 느낌이지, 어린 아이니까 아무렇게나 대해도 된다는 느낌은 아니다.

한국어의 성격상 높임말은 복잡하고 어렵다. 특히 상대가 나보다 어린 아이일 경우는 더욱 그렇다. 하지만 교사가 학생을 존중하는 것을 말로 보여주는 것은 충분히 가치 있는 일이다. 전체 학생을 대상으로 하여 말하는 수업 장면에서는 높임말을 사용하고 교실을 순회하는 과정에서 개별로 학생을 마주하고 있을 때는 좀 더 편하고 친밀감 있게 이야기하도록 한다.

요즘 아이들은 어릴 때부터 시각적 자극을 굉장히 많이 받는다. 텔레비전, 영화, 동영상, 스마트폰에 이어 이제는 가정에서 사용할 수 있는 미니 빔 프로젝터까지 등장했다. 어떤 아이들은 엄마가 읽어주는 책이 아니라 미니 빔 프로젝터에서 나오는 동영상을 보면서 잠이 든다.

교육 현장에서도 최근 10년 동안 적극적으로 인터넷과 컴퓨터를 활용한 자료들을 사용할 것을 권장해왔다. 이제는 컴퓨터를 매 시간 활용하는 것이 일반적인 수업 장면이 된지 오래고, 정부에서는 전자교과서 사용을 독려하고 있다. 초고속 인터넷 사용자 수가 전 세계 1위인 명실상부한 IT(Information Technology) 강국 대한민국에서 ICT(Information & Communication Technology) 활용 수업은 어쩌면 자연스러운 일인지도 모르겠다.

그렇지만 중요한 것은 왜 ICT인가? 하는 것이다. 수업 시간에 활용되는 자료는 실물 자료부터 구체적인 조작을 할 수 있는 교구, 책, 인터넷, 백

과사전, 그리고 사람에 이르기까지 그 종류가 실로 방대하다. 그렇게 많은 자료 중에 수업에서 ICT 자료를 쓰는 이유를 생각해 봐야 한다. 재미있어서, 혹은 활용이 쉽다는 이유로 ICT를 매 시간마다 활용하고 있다면 그 효과와 의미에 대해서 고민해야 할 것이다.

사실 가장 좋은 자료는 실물과 사람이다. 교사가 직접 들려주는 어릴 적 이야기, 친구가 읽는 재미있는 동시, 정성 들여 만든 찰흙 작품 같은 것이야말로 살아있는 자료다.

'밤송이가 따갑다'는 문장을 열 번 읽는 것보다 좋은 것은 밤송이를 직접 만져보고 가시에 찔려보는 것이다. 실물 밤송이를 놓고 만져보게 하는 것보다 더 밤송이의 특징을 이해하기 쉬운 것은 없다. 클릭해서 들려주는 인터넷 노래보다 서툴러도 교사가 직접 부르는 노래를 아이들은 더 잘 따라한다. 자주 듣는 사람의 목소리를 따라하는 것이 아이들에게는 훨씬 쉽기 때문이다.

동기유발에서 직접 실물 자료인 토끼와 거북이를 등장시킨 수업을 한 적 있다. 수업 전 실태조사에서 가장 많은 학생들이 기르고 싶은 동물로 토끼를 선택했지만, 토끼를 집에서 기르는 학생은 한 명도 없었다. 동물원이나 애완동물 가게나 가야 볼 수 있는 토끼가 비밀 상자에서 등장한 순간 학생들의 반응은 폭발적이었다. 물론 이때 실물 토끼가 아닌 토끼 사진을 보여줄 수도 있었다. 하지만 기르고 싶은 동물이 토끼라고 대답한 아이들에게 토끼를 보여주고 만져보게 하고 싶었다. 아이들은 이날 기르고 싶었던 동물을 직접 만져보고 먹이를 줄 수 있었다.

그러나 실물 자료를 활용하는 것이 불가능할 때, 또는 적절한 활용으로 실물보다 더 좋은 효과를 거둘 수 있을 때 ICT 자료는 수업에서 그 본

▲ 동기유발에 실물 토끼를 등장시킨 2학년 1학기 슬생 '기르고 싶은 동물' 수업 장면

연의 의미를 찾을 수 있다. 즉, 교사의 선택이 훌륭할 때에 비로소 ICT자료도 그 가치를 수업에 부여할 수 있는 것이다.

예를 들어서, 구글의 스케치업(Sketch Up) 프로그램을 이용해서 각기둥과 원뿔, 직육면체 수업을 하는 것은 좋은 선택이다. 회전체의 특징을 입체로 이해하는 것은 어려운 일이기 때문에 학생들은 원뿔의 단면을 수직으로 잘랐을 때는 원이 되고, 비스듬히 잘랐을 때는 타원이 나오는 이유를 쉽게 이해하지 못한다.

이 때 가장 좋은 것은 실물 원뿔을 직접 잘라보는 것이다. 그런데 우리 주변에는 이런 물체가 드물다. 이럴 때 스케치업은 정말 잘 쓸 수 있는 프로그램이다. 무료이고, 쉽게 가르칠 수 있고, 무궁무진한 입체 도형을 만들 수 있고, 만든 도형을 360°로 회전시켜 살펴볼 수 있는 데다가, 회전체를 눈 깜짝할 새에 만들 수도 있다.

스케치업으로 아이들이 어려워하는 쌓기나무도 얼마든지 즉석에서 뚝딱 만들어낼 수 있다. 쌓기나무 실물 교구는 360° 회전시키거나 들어서 움직이는 게 어렵다. 하지만 스케치업이라면 위, 아래, 옆, 어디서나 회전한

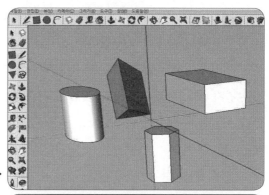

◀ 스케치업으로 만든 각기둥

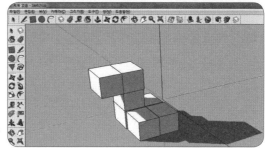

◀ 스케치업으로 만든 쌓기나무

모습을 살펴보는 것이 가능하고 단면을 잘라볼 수도 있다. 그야말로 도형 수업에 있어 최적의 자료인 셈이다.

과학 교사용 지도서에도 소개되어 있는 스텔라리움은 별자리를 관측하는 프로그램이다. 스텔라리움으로 학생들에게 직접 관찰하기 어려운 천체를 교실에서 살펴보게 할 수 있다. 수천 년 전의 별자리도 확인할 수 있고, 신윤복의 월하정인에 나오는 초승달의 위치와 모양만으로도 그림이 그려진 연대를 추측할 수 있다.

이렇듯 ICT 활용 자료는 진정 엄청난 힘을 가진 것이 틀림없다. 사람의 눈으로 보지 못하는 천체를 볼 수 있고, 아이들이 쉽게 이해하지 못하는 단면체를 수없이 잘라볼 수도 있다. 그러나 이렇게 좋은 자료는 사용하기에 따라 양날의 검이 될 수도 있다는 것을 늘 염두에 두어야 한다.

재미있다고 해서 동영상 자료를 교사의 설명 없이 10분 넘게 보여주는 것은 좋지 않다. 수업 내내 PPT 자료를 보여주면서 수업하는 것 역시 좋지 않다. 시각적 자극이 너무 크면 학생들이 오히려 다음 활동에 흥미를 잃기 때문이다.

수업에 활용되는 동영상 자료는 짧게 보여주고 활용하는 목적 역시 분명하게 학생과 교사가 인지하고 있어야 한다. 좋은 프로그램이라고 해서 학생들에게 아무 목적 없이 붙들고 있게 해서는 안 된다. 좋은 ICT 자료는 적절한 수업 장면에서 적절하게 활용될 때에야 비로소 그 가치를 갖는다.

학업성취를 최대로
끌어올리는 마지막 10분

나만의 비밀 공책을 만들게 하라

1

🖌 수업 시간마다 공책을 정리하긴 하는데, 단순히 정리를 하는 것으로 끝날 때가 많습니다. 필기를 하는 이유는 무엇이고, 왜 해야 하는지 궁금합니다. 아이들이 공책을 정리한 다음에 또 보게 하려면 어떻게 해야 할까요?

나만의 비밀 노트를 갖게 하는 것이 공책 지도의 포인트다. 이때 보기 좋게 정리한 공책보다 질문과 생각을 많이 적은 공책이 더 좋다. 요즘에도 학생들에게 공책이 필요하냐고 반문하는 사람도 있을 것이다. 그러나 공책은 어느 경우에도 반드시 필요하다. 공책이 아니라 간단한 메모장이라 하더라도 기록을 하는 것과 하지 않는 것은 큰 차이가 있다.

비단 기억을 하는 것으로 그치는 것이 아니라 공책 정리는 학생들이 수업 시간에 생각을 하고 있는가, 그렇지 않은가를 결정짓는다. 단순하게 교사의 판서를 베껴 쓴 공책이 아니라 나만의 생각과 감정이 들어 있는 공책을 만들도록 해야 한다.

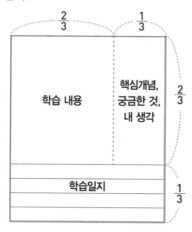

왼쪽 넓은 칸

① 날짜, 학습목표, 칠판에 판서한 내용을 기록하게 한다.

② 교사가 적어주는 모든 내용을 기록하게 하고, 필요할 경우 포스트잇을 활용하여 추가 내용을 정리하게 한다.

③ 학습 내용을 쓸 때는 4색 볼펜과 형광펜 등을 활용할 수 있도록 필기도구 사용 방법을 학기 초에 지도한다. 볼펜으로 전부 기록하는 것이 아니라 중요한 부분만 표시하게 한다.

– 빨간색 : 중요 내용을 표시한다. 중요 개념, 눈에 띄어야 할 단어에 활용한다.

– 파란색 : 궁금한 것, 질문하고 싶은 것을 표시한다.

– 초록색 : 내가 생각한 것을 표시한다.

– 형광펜 : 한 페이지에 기록한 내용 중 가장 핵심이 되는 것을 표시한다.

– □로 중요 단어를 찾아보게 한다. (수업의 핵심어를 파악하고 있는지 알 수 있다.)

오른쪽 좁은 칸

① 1/3만큼 공책을 접어서 활용한다.

② 그 시간에 배우는 핵심 개념, 궁금한 내용을 쓰게 하고, 간단한 Q and A로 배운 내용을 정리하게 한다.

③ 평소에 학생들과 수업 시간에 자주 사용하는 기호를 약속해두면 좋다. 칠판 구석에 기호를 코팅해놓고 붙여두었다가 수업 시간에 판서로 정리할 때 활용하면 편하다.

‒ ※ : 중요한 개념이나 잊지 말아야 할 것을 표시한다.

‒ ! : 새로 알게 된 것을 적을 때 표시한다.

‒ ◎ : 한줄 정리로 배운 내용을 정리할 때 표시한다.

‒ 학 : 학습목표를 표시한다. (파란색 볼펜으로 적는다.)

‒ ? : 궁금한 것을 표시한다. 수업 시간에 물어보지 못한 질문들을 적는다.

‒ 기호는 학생들과 얼마든지 다양하게 약속할 수 있다. 아이들에게 다른 기호를 디자인해보게 해도 재미있다.

아래 5~8줄 (학습일지)

① 학생 수준에 따라 5줄에서 8줄 정도 쓰는데, 저학년에서는 5줄 정도가 적당하고 고학년에서는 최대 10줄까지도 가능하다.

② 학습일지를 기록하는 칸으로 그날 배웠던 내용에서 궁금했던 것과 새로 알게 된 내용, 나의 수업 태도를 반성하는 내용을 적게 한다. 교사는 이 학습일지만 읽어봐도 학생이 어느 수준으로 학습하고 있는지 알 수 있다.

③ 학습일지에 적는 내용 : 그 시간에 배운 내용, 궁금한 것, 더 알고 싶은 것, 수업에 참여한 나의 태도와 반성, 모둠활동에서 내가 기여한 것 등

● 개정초교 6학년 김초원의 도덕 공책 ●

내가 생각한 이 시간의 학습목표와 우리가 함께 정한 학습목표를 적게 한다.

수업 시간에 새로 알게 된 내용, 단어, 개념 등을 ⓘ 표시를 한 다음 적게 한다.

꼭 알아야 할 내용에 대해서는 스스로 문제를 내고 답하게 한다.

학습일지로 배운 내용을 정리해보게 한다. 학습태도와 궁금했던 것, 생각한 것, 새로 알게 된 내용 등을 정리한다.

● 2011 민들레 12기 이유진의 사회 공책 ●

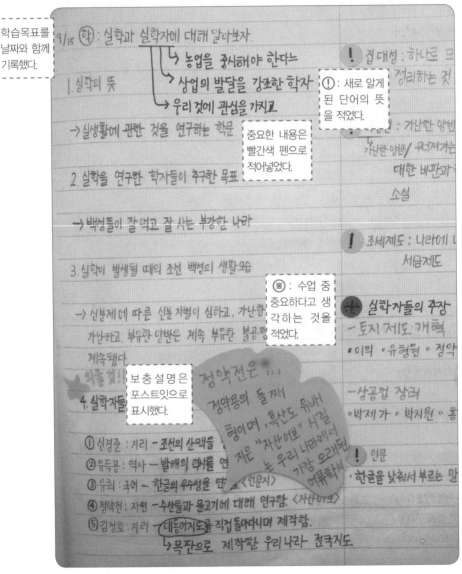

학습목표를 날짜와 함께 기록했다.

9/15 (학) : 실학과 실학자에 대해 알아보자.

1. 실학의 뜻
- → 농업을 중시해야 한다는
- → 상업의 발달을 강조한 학자
- → 우리 것에 관심을 가지고

→ 실생활에 관한 것을 연구하는 학문

중요한 내용은 빨간색 펜으로 적어넣었다.

2. 실학을 연구한 학자들이 추구한 목표

→ 백성들이 잘 먹고 잘 사는 부강한 나라

3. 실학이 발생될 때의 조선 백성의 생활모습

(※) : 수업 중 중요하다고 생각하는 것을 적었다.

→ 신분제에 따른 신분 차별이 심하고, 가난한
가난하고, 부유한 양반은 계속 부유한 불공평
계속돼다

보충 설명은 포스트잇으로 표시했다.

4. 실학자들

① 신경준 : 지리 - 조선의 산맥을
② 유득공 : 역사 - 발해의 역사를 연
③ 유희 : 국어 - 한글의 우수성을 연 〈언문지〉
④ 정약전 : 자원 - 수산물과 물고기에 대해 연구함. 〈자산어보〉
⑤ 김정호 : 지리 - 대동여지도를 직접 돌아다니며 제작함.
　　　　　→ 목판으로 제작한 우리 나라 전국지도

(!) 집대성 : 하나로 모
정리하는 것.

(!) : 새로 알게 된 단어의 뜻을 적었다.

: 가난한 양반
가난한 양반 / 무너져가는
대한 비판과
소설

(!) 조세제도 : 나라에 나
세금제도

실학자들의 주장
- 토지 제도 개혁
　● 이익 ● 유형원 ● 정약

- 상공업 장려
　● 박제가 ● 박지원 ● 홍

(!) 언문
● 한글을 낮춰서 부르는 말

정약전은···
정약용의 둘째
형이며, 흑산도 유배
지은 "자산어보" 시절
는 우리 나라에서
가장 오래된
어류학서

▲ 다양한 기호를 이용하면 수업 시간에 떠오른 생각들을 바로 정리할 수 있다.

중요한 내용은 빨간색으로 적는다.

전류를 이용해 만들어진 발광다이오드도 연결한다.

전류가 흐르는 방향
⊕극에서 전류가 흘러 ⊖극으로 들어간다

중요하다고 생각되는 것은 그림으로 그려넣는다.

오렌지

전기 안전장치
① 퓨즈 : 전선에 센 전류가 흘러 열이 발생했을 때 전기 부품보다 먼저 녹아 끊어져 전기제품손상등을 막는 장치
② 누전 차단기 : 센 전류가 흐를때 자동으로 스위치를 열어 전류가 흐르는 것을 끊어 주는 장치
③ 자동 온도 조절 장치 : 회로에 전기가 흘러 온도가 오르면 금속이 휘어져 전류가 흐르지 않게되고 온도가 내려가면 본래 모양으로 내려가서 다시 전류가 흐르도록 두개의 금속을 붙여서

준비물 :
오렌지 2개,
알루미늄 판과 단선
2개, 집게전선,
발광 다이오드

소금물, 오렌지 주스로도 할수있어요! (오렌지 100% 이어야 함?)

학습일지에 새로 알게 된 내용, 느낀 점 등을 간단하게 적으면서 수업을 정리했다.

학습일지
나만의 전지 만들기에서 전지 말고도 오렌지, 소금물, 오렌지 100% 주스로도 발광다이오드에 약하게 나마 불을 밝힐수있다는 것이 너무나 신기 했다.
그리고 전기 안전장치가 따로 있는것도 처음 알았다.
전류가 흐르는 방향은 ⊕극에서 ⊖극으로 간단것을 꼭 외워 나야 겠다. 오늘도 신기한것을 많이 배워 좋다

Quiz
[과학] 자동 온도 조절장치에는 무엇이 있는지 한가지만 써보세요.

배운 내용으로 간단하게 퀴즈를 낸다.

수업을 살리는
판서
vs
수업을 죽이는
판서
2

판서는 목적이 있고, 의도적이며, 체계적인 형태여야 한다. 그러기 위해서는 수업 전에 대략적인 판서의 얼거리를 생각해보는 것이 중요하다.

칠판에 판서를 할 때는 구조적이어야 하므로, 평소에 칠판과 공책의 상호관계에 대해 미리 지도해두어야 한다. 학급에서 약속한 특별한 기호를 수업 중에 사용한다면 이 기호에 대해서도 충분히 익숙해질 때까지 활용하는 연습을 해보는 것이 좋다.

교사가 낙서하듯이 대충 써놓고 판서했다고 하는 것은 잘못된 지도다. 학생들이 한 시간 내내 보고 있는 칠판에 정성된 글씨로 깔끔하게 쓰는 것은 학생을 위한 교사의 최소한의 배려다. 화이트보드를 쓴다면 마카펜이 보드 위에서 미끄럽게 써지는 것을 염두에 두고 크고 정확하며 깔끔하게 쓰도록 해야 한다.

특히, 학생들이 앞에 나와서 칠판을 이용할 때도 모든 이가 알아볼 수 있는 글자로 크고 바르게 쓰도록 지도한다. 맨 뒷자리에 앉은 학생이 충분히 알아볼 수 있도록 교사의 글씨 크기 역시 자주 체크해야 앞자리 학생만 알아보는 작은 글씨를 쓰는 일이 없다.

컴퓨터를 잘 다뤄도 교사가 칠판에 글씨를 써야 하는 일은 언제나 있다. 교사의 글씨를 학생들이 계속해서 보고 있다는 것을 새겨두어야 한다. 교사가 악필이면 학생의 글씨 역시 나아지지 않는다. 교사의 글씨가 엉망이라면 자음은 작게, 모음은 길고 크게 연습하도록 한다. 글씨체가 가장 빨리 좋아지는 방법이다.

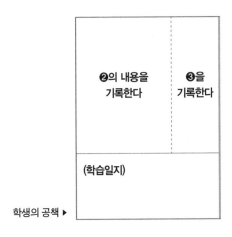

| ❶ 학습문제 활동 1. 활동 2. | ❷ 1. 흥선대원군의 척화비 ① 척화비 : ② 2. | ❸ 중요한 것 ! 새로 알게 된 개념어, 새로 알게 된 것 ? 궁금한 것, 질문 |

▲ 칠판

❷의 내용을 기록한다 | ❸을 기록한다

(학습일지)

학생의 공책 ▶

학습문제와 활동은 수업을 체계적으로 이끌어가기 위해서 칠판에 적어두는 게 좋다. 간략하게라도 학습문제를 꼭 써보고, 활동도 적어두며, 학생들은 학습문제와 학습내용만 정리하게 한다.

칠판의 가장 넓은 면은 그 시간에 배운 내용을 기록한다. 공책에는 교사가 적어주는 ❷번 판서를 그대로 기록하게 한다. 판서를 할 때는 번호를 매겨가면서 쓰되, 1. ① ㉮ 식으로 구조화한다. 교사가 색분필을 사용해서 중요한 내용은 표시하고 밑줄을 치는 등 시각적 구조화에 신경을 쓰면 학생들이 공책 정리를 할 때도 도움이 된다.

큰 번호인 1. 2. 는 한 줄 띄고 쓰게 한다. 한 줄씩 띄고 쓰는 이유는 공책이든 칠판이든 보기 좋게 써야 쉽게 알아볼 수 있고, 이것으로 복습을 할 수도 있기 때문이다. 습관이 될 때까지는 교사가 시범을 보이는 것이 좋다.

칠판 오른쪽 ❸은 공책의 맨 오른쪽에 해당되는 곳이다. 모둠활동을 할 때 상호평가가 기록되는 곳이고, 수업 시간에 태도가 좋은 어린이의 이름을 적어두는 곳이기노 하다. 이 오른쪽 공간에는 학생들과 약속된 기호인 ⓛ(새로 알게 된 것을 표시한다. 개념어, 핵심단어 등을 ! 기호로 표시하고 적는다.) ⓦ(궁금한 것, 생각나는 질문들을 쓰게 한다.), ※(중요한 것)로 수업 중에서 생각난 것들을 함께 정리하게 하면 단순한 지식을 기술하는 것에서 벗어나 판서를 통해 학생들의 창의적인 생각을 길러주는 데까지 수업이 나아갈 수 있다.

지금, 여러분께서는
행복한 수업을 만드는 4단계 멘토링을 지나
'교사가 수업에서 넘어서야 할 세 가지 벽'으로 이동하고 있습니다!!

교사가 수업에서
넘어서야 할 세 가지 벽

3

아이들은
왜 교과서를 재미없어할까?

아이들은
왜 교과서를
재미없어할까?

1

교과서처럼 교실에서 절대적으로 쓰이는 교재도 없을 것이다. 교사는 교과서를 펴는 것으로 수업을 시작하고, 교과서를 덮는 것으로 수업을 마무리한다. 아이들 역시 교과서를 배워야 공부했다 생각하고, 교과서 문제를 풀지 않으면 '진도'가 나가지 않았기 때문에 배우지 않았다고 말한다. 그러나 교과서는 필요할 때마다 수정을 거쳐 보완해가는 하나의 교재다. 명왕성이 태양계 행성이었다가 아닌 것으로 과학 교과서에서 빠졌듯이 언젠가 새로운 이론이 발견되면 교과서는 수정된다.

교육과정을 가장 쉽게 이수할 수 있도록 만들었기 때문에 교과서는 전국 표준 학생을 기준으로 한다. 그리고 바로 이 부분이 교과서의 맹점이기도 하다. 어느 지역에서 누가 가르쳐도 가르칠 수 있게 만들어졌지만, 우리 교실에는 적합하지 않을 수 있기 때문이다. 게다가 교과서대로 가르치면 학생들이 오히려 더 재미없어하고, 어려워하는 단원도 꽤 많다.

교과서 안의 지식은 이미 세상에 나와 있는 것을 잘 추려 놓은 것이기 때문에 아이들은 그다지 신기해하지 않는다. 읽기 교과서는 아이들이 집에서 읽는 책보다 재미 없고, 그 속에서 감동을 받고 즐거워하는 아이들은 드물다. 오히려 교과서 밖의 이야기를 더 즐거워하고 거꾸로 교과서 안에 들어가는 순간 같은 이야기도 재미없어한다.

교과서 안의 지식을 마주하는 순간, 아이들의 흥미는 반감된다. 첫째 교과서는 곧 평가이고, 평가는 괴로운 것으로 아이들에게 인식되어 있기 때문이다. 둘째, 교과서는 정해진 틀이 있어서 그 틀을 따라서 학습하게 되어 있다. 각자 다른 방식과 다른 속도로 학습할 수 있는 것이 아니고 획일화되어 있기 때문에 그 틀을 지루해하는 것이다. 마지막으로 교과서가 학생 수준에 맞지 않기 때문이다. 너무 어렵거나 너무 쉽거나 혹은 필요 없는 내용도 있다. 그래서 아이들도 교사도 힘들다. 전국 최고의 교과 전문가들이 모여서 수없이 많은 토의와 논의를 통해 만들어지고 다듬어진 교과서가 어느 곳에서나 가장 무난하게 쓸 수 있는 교재임에도 불구하고, 효과적인 측면에서는 언제나 최고라고만은 할 수 없는 이유다.

그렇기 때문에 교사가 교과서를 넘어서야 한다. 학생들이 재미있는 공부를 할 수 있도록 교사가 교과서를 넘어서는 새로운 시도를 해야 한다. 다음 시간이 궁금해지는 스토리텔링, 주제가 있는 프로젝트 학습, 과목의 경계를 넘나드는 융합 수업이 바로 그 시도가 될 수 있을 것이다.

수업과 관련 없는 이야기를 하면 아이들이 좋아해서 나도 모르게 자꾸 딴 이야기를 하곤 합니다. 어떻게 해야 할까요?

이야기를 싫어하는 아이들이 있을까? 그동안 저학년이고 고학년이고 수업 시간에 들려주는 이야기를 싫어하는 아이는 단 한 번도 본 적이 없다. 본능적으로 모든 인간은 이야기를 좋아한다. 영화, 소설, 시, 연극, 음악에 이르는 모든 것이 이야기다. 인간의 역사는 이야기의 역사이며, 인간이 발달해온 것과 함께 이야기도 발달해왔다. 그래서 아이들이 좋아하는 이야기를 중심으로 수업하는 것은 곧 학습자 중심의 수업을 의미한다.

스토리텔링은 모든 교과, 모든 수업 장면, 모든 활동에서 가능한 수업 방법이다. 어떤 교과든지 이야기로 재구성하는 순간 스토리텔링이 되고, 어떤 활동에서든 학생들과 같이 이야기 나누고 생각해보면 스토리텔링이

★ 「스토리텔링과 수업기술」,
사회평론, 박인기 외, 2013.

다.★ 이야기에 아이들이 갖는 흥미와 관심을 수업 속 문제 장면과 연관해서 끌어간다는 점에서 스토리텔링은 학습목표 도달에도 효과적인 수업 방법이다. 스토리텔링이라 하면 구연동화만을 생각하기 쉽지만 실생활 장면, 생활 모습과 관련된 모든 것이 자료가 될 수 있다.

아이들은 특히 비슷한 연령의 아이가 문제에 부딪치는 장면을 흥미롭게 받아들인다. 해리포터가 전 세계적으로 큰 인기를 끌 수 있었던 것은 주인공이 모두 독자층과 같은 어린이들이었기 때문이다. 이렇듯 감정이입이 쉽기 때문에 아이들은 가까이서 볼 수 있는 친구, 잘 아는 이야기의 주인공, 나를 닮은 사람이 이야기에 등장하는 것을 좋아한다. 같은 이유로 교사의 이야기에 아이들은 흥미를 갖는다.

그래서 아이들과 이야기를 주고받듯 편안한 스토리텔링을 활용해볼 것을 추천한다. 수업과 관련된 이야기에 아이를 등장시키고 아이가 고민하는 문제를 해결하기 위해 학습활동을 전개해간다. 앞으로 아이에게 어떤 일이 벌어질지 궁금해서기 때문에 학생들은 다음 시간에 대한 기대를 갖는다. 드라마를 빼먹지 않고 보는 이유는 궁금해서다. 이 궁금증이 수업에 들어오면 수업은 그 이상 재미있을 수 없다. 스토리텔링이 학생들의 흥미를 이끌어내기 좋은 이유는 다름 아닌 이야기 자체가 갖는 흥미를 수업에 가장 편안하게 풀어냈기 때문이다.

다만, 스토리텔링을 위한 스토리텔링을 하지는 않았으면 좋겠다. 현재 1~2학년군 수학교과서의 스토리텔링은 시도는 좋았지만, 모든 차시를 스토리텔링으로 짜 맞추다 보니 억지스럽게 느껴지는 부분도 많다. 이야기는 자연스럽게 흘러가는 흐름을 가질 때 그 의미가 있다. 드라마처럼 다음 이야기가 궁금해지는 스토리텔링 수업이어야 한다. 그러므로 한 차시를 스토리텔링으로 구성하는 것도 좋지만, 단원 전체의 이야기가 있고, 그 흐름에 따라 스토리를 따라가는 식의 전개가 스토리텔링 본연의 역할에 더 충실한 방식이라 하겠다.

다음은 스토리텔링 수업의 예다. 이 수학 수업은 성연이라는 가상의 아이가 등장하여 '이상과 이하' 문제를 해결하는 이야기로 구성되어 있다. 학생들과 비슷한 연령의 아이가 직면한 상황을 수업을 통해 해결해가도록 구성했기 때문에 학생들이 실제 주인공이 된 것처럼 문제를 해결해갈 수 있다.

스토리텔링으로 수학 수업하기 '이상과 이하'

학년군	3-4학년군 (4-2)		단원(차시)	4. 어림하기(2/10)
학습 주제	이상과 이하의 뜻 알기			
활동 개요	**기본 활동 1**			**기본 활동 2**
	같거나 큰 수 알기			같거나 작은 수 알기

단계	학습 내용	교수·학습활동
도입	동기유발	■ 스토리텔링으로 이야기를 제시한다.

성연이는 아빠와 함께 마트에 갔습니다. 차가 마트 주차장으로 들어서는데, 기둥에 [차고 2.5m 이하 출입 가능]이라고 써있습니다.

"아빠 2.5m이하라는 건 2.5m보다 작아야 한다는 뜻인가요?"

"그렇단다"

"그럼 차 높이가 딱 2.5m이면 들어갈 수 있는 거예요?"

아빠는 주차하느라 대답 대신 손을 들어 보입니다. 나중에 말해준다는 뜻입니다. 오늘은 동생 유진이의 장난감을 사야합니다. 장난감 코너에 가서 장난감을 고르는데, 이런 문구가 보입니다.

【사용연령－ 3세 이상~ 5세 이하】

동생 유진이는 올해 3살입니다. 유진이는 이 장난감을 사용할 수 있을까요?

지도 주안점

어림하기는 실생활에서 흔히 사용되는 수학 활동이다. 이상과 이하, 초과와 미만의 개념을 장난감의 사용 연령 표시를 통해 학습하도록 한다. 이때 실제 물건을 직접 활용하면 더욱 효과적인 생활 속 체험 수학이 될 수 있다.

도입		Q1 : 유진이의 장난감을 올바르게 사기 위해서 성연이가 알아야 할 것은 무엇인가요? A : 표시되어 있는 '이상과 이하'의 뜻을 알아야 합니다.
	주제 제시	■ 학습 주제를 제시하여 공부할 내용에 대하여 안다. 　　　　　　　이상과 이하의 뜻 알기
전개	〈활동 1〉	■ 스토리텔링으로 문제 상황을 제시한다.

유진이의 나이가 3살입니다. 장난감에 표시되어 있는 사용 연령【사용연령－ 3세 이상~5세 이하】에 유진이가 포함되는지를 알기 위해서 성연이는 아빠께 이상과 이하의 뜻을 물어보았습니다.

- 어떤 수보다 같거나 큰 수를 알아보고 이상의 뜻을 이해한다.

> **3보다 크거나 같은 나이를 차례대로 말해 보게 한다.**

Q1 : 3보다 같거나 큰 수는 몇 개나 있을까요?
A : 셀 수 없이 많습니다.
Q2 : 3보다 같거나 큰 수는 어떻게 표현하면 좋을까요?
(자기가 나타내고 싶은 방법을 찾아 발표한다.)
- **3보다 크거나 같은 수를 수직선에 나타내는 방법을 알아본다.**

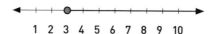

> **3, 4, 5 등과 같이 3보다 같거나 큰 수를 3 이상인 수라고 합니다.**

Q3 : 성연이는 유진이의 나이에 맞는 장난감을 골랐나요?
A : 네, 3세 이상은 3보다 같거나 큰 수를 말하고, 유진이는 3세이므로 맞는 장난감입니다.

| 〈활동 2〉 | • 스토리텔링으로 문제 상황을 제시한다. |

장난감을 고른 후, 수영 용품 매장으로 갔습니다. 물놀이를 위해 구명조끼를 사야 하기 때문입니다. 구명조끼에는 【몸무게 20kg 이상 30kg 이하】라고 씌어 있었습니다. 성연이 몸무게는 30.5kg입니다. 성연이는 이 조끼를 사용할 수 있을까요?

- 어떤 수보다 같거나 작은 수를 알아보고 이하의 뜻을 이해한다.

이름	몸무게(kg)	이름	몸무게(kg)	이름	몸무게(kg)
상철	28.5	성연	30.5	이랑	30
재성	31.2	유리	28	현정	29.5

몸무게가 **30kg**과 같거나 작은 사람의 몸무게를 써보세요.

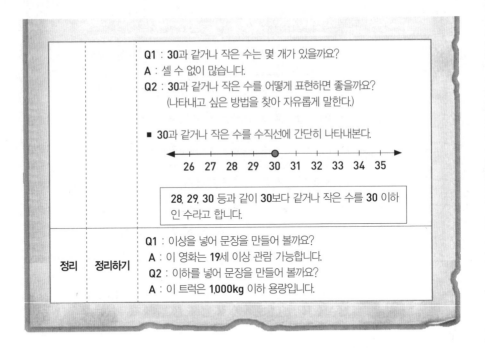

Q1 : **30**과 같거나 작은 수는 몇 개가 있을까요?

A : 셀 수 없이 많습니다.

Q2 : **30**과 같거나 작은 수를 어떻게 표현하면 좋을까요?

(나타내고 싶은 방법을 찾아 자유롭게 말한다.)

■ **30**과 같거나 작은 수를 수직선에 간단히 나타내본다.

26 27 28 29 30 31 32 33 34 35

28, 29, 30 등과 같이 **30**보다 같거나 작은 수를 **30 이하**인 수라고 합니다.

정리	정리하기	**Q1** : 이상을 넣어 문장을 만들어 볼까요? **A** : 이 영화는 **19**세 이상 관람 가능합니다. **Q2** : 이하를 넣어 문장을 만들어 볼까요? **A** : 이 트럭은 **1,000kg** 이하 용량입니다.

다음은 스토리텔링으로 과학 용해와 용액 한 단원 전체를 재구성한 예다. 한 차시로 끝나는 게 아니라 이야기가 연속적으로 이어지고, 학생들이 주인공과 함께 여행하듯이 미션(학습문제)을 해결해가고 있어 다음 수업에 대한 기대를 갖고 수업에 참여할 수 있게 된다.

스토리텔링으로 과학 수업하기

5학년 2학기 과학 2. 용해와 용액 스토리텔링 수업안★

★ 2013 전북 창의·인성수
업안연구회 "선·한·샘"
의 스토리텔링 수업안

차시	구분	스토리텔링 내용
1	(도입차시)	허리케인에 휘말려 이상한 나라 오즈에 가게 된 도로시. 오즈는 못된 화학마녀가 나타나 평화가 깨지면서 무지개가 더 이상 뜨지 않는 나라가 되었다. 무지개를 다시 띄우려면 화학 마녀의 마법을 깰 수 있는 황금 열쇠 7개가 필요하다. 도로시는 오즈에서 착한 일 7가지를 해야 황금 열쇠를 찾을 수 있다. 도로시는 과연 무지개를 다시 되찾을 수 있을까?
2	물과 아세톤에 가루 물질(설탕, 시트르산, 나프탈렌, 탄산칼슘)을 넣었을 때 나타나는 현상 알아보기	"물과 아세톤의 마을", 원래는 물과 아세톤이 방향을 나누어 마을을 따라 평화롭게 흐르고 있었지만 화학 마녀가 나타나 물과 아세톤을 붙여서 흐르게 했다. 물과 아세톤의 마을에서 만난 설탕 공주는 아세톤과 물 중 어떤 것이 자신을 녹게 하는지 몰라 곤경에 처했다. 설탕 공주는 시트르산, 나프탈렌, 탄산칼슘 신하들과 함께 있다. 진실만을 말하는 토토에게는 오직 한 번만 도움을 청할 수 있다. 설탕 공주 일행이 모두 녹지 않고 계곡을 무사히 건너려면 도로시는 어느 계곡에서 누구에게 다리를 놓아주어야 할까?
3	1. 흑설탕의 양을 달리하여 물에 녹이고 가장 진한 용액 알아보기 2. 설탕물에 메추리알 띄우기	"설탕물의 마을", 이 마을에선 진하기에 따라 메추리알의 부표가 떠있어 마을 사람들에게 위치를 알려주었으나, 화학 마녀가 진하기를 모두 알아볼 수 없게 섞어버려 마을 사람들이 어려움에 빠져있다. 메추리알을 정확하게 띄워야만 원하는 황금 열쇠를 얻을 수 있는 도로시와 친구들은 각각의 비커에 원하는 진하기로 설탕을 녹여야 한다. 흑설탕을 얼마나 녹여야 메추리 알이 원하는 높이로 뜨게 될까? 도로시와 친구들이 문제를 해결할 수 있도록 도와주자.
4	설탕을 용해시키기 전과 후의 무게 비교하기	"비교의 마을", 화학 마녀의 부하들이 나타나 도로시의 여행을 방해한다. 도로시는 비교 마을의 가장 오래된 보물인 양팔저울을 빼앗아 간 화학 마녀의 부하들에게서 저울을 되찾아주어야 한다. 도로시와 친구들은 설탕을 녹이기 전과 녹인 후의 무게를 각각 비교하여 맞게 기록해야만 마을을 통과할 수 있다. 설탕을 녹이기 전과 녹인 후의 무게를

차시	구분	스토리텔링 내용
		비교하여 설명해야만 부하들이 가져간 황금 열쇠와 양팔 저울을 되찾을 수 있는 도로시, 실험을 빨리 시작해야 해!
5	백반을 물에 빨리 녹일 수 있는지 알아보기 (빨리 젓기)	"백반의 마을", 화학 마녀의 부하들이 갑자기 나타나 설탕 공주를 잡아간다. 설탕 공주는 커다란 비커 위에 놓여지고, 모래시계가 반대쪽에 있다. 도로시가 백반을 빨리 녹이지 않으면 설탕 공주가 물에 빠져 녹게 된다. 설탕 공주의 목숨을 구하려면 백반을 최대한 빨리 녹여야 하는데, 도로시가 백반을 빨리 녹이려면 어떻게 해야 할까? 도로시에게 방법을 가르쳐주세요.
6	물의 양에 따라 용질이 물에 녹는 양 알아보기	"양(量)의 마을", 화학 마녀의 부하들이 나타나 도로시 일행을 가로막는다. 화학 마녀의 부하들과 도로시는 가루 녹이기 시합을 하게 된다. 도로시 일행이 화학 마녀의 부하들보다 가루를 많이 녹이고 황금열쇠를 찾기 위해서는 어떻게 해야 할까?
7~8	물의 온도에 따라 설탕의 녹는 양 비교해보기	"온도의 마을", 화학 마녀는 도로시가 황금 열쇠를 찾지 못하도록 비커 속에 열쇠를 숨겨 두었다. 황금 열쇠를 찾으려면 비커에 든 설탕을 모두 녹이는 수밖에 없다. 주변에 있는 도구는 비커, 알콜 램프, 돋보기, 유리막대, 종이, 숟가락이다. 이 중 도로시가 필요한 실험도구를 찾아 계획을 세워보자. 그리고 도로시가 황금열쇠를 찾아낼 수 있도록 비커에 열을 가해 가루를 녹여보자.
9	용해, 용액, 용질, 용매의 뜻 이해하고 적어보기	"스핑크스, 질문의 마을", 도로시와 친구들은 용해, 용액, 용질, 용매의 뜻을 아는지 물어보는 스핑크스를 만난다. 스핑크스의 다섯 가지 질문에 모두 대답을 할 수 있어야 마지막 황금열쇠를 얻을 수 있는 도로시, 과연 대답할 수 있을까?
10	실생활에서의 용해 알아보기	도로시는 모든 황금 열쇠를 찾아 결국 무지개를 띄울 수 있는 비밀을 알게 된다. 설탕 공주와 함께 무지개를 만들어 오즈를 구하려면 도로시는 어떻게 해야 할까?

융합,과목의
경계를 넘다
(뮤지컬과 과학이
만나다)

3

바뀐 1~2학년 교과서를 보면서 융합 수업에 대해 공부해야겠
다는 생각을 했습니다. 융합 수업이란 어떤 것이고, 앞으로 어떻
게 연구해야 할까요?

스티브 잡스(Steve Jobs)가 우리에게 가져온 엄청난 반향을 생각해보면
융합처럼 발전 가능성이 큰 분야도 없다. 살아 있는 동안 IT업계에 가장
큰 이슈를 몰고 다닌 스티브 잡스는 동양의 고전 「논어」를 읽고, 서체를 연
습했다. 그의 전공 분야와는 전혀 관련 없어보였지만, 그는 예술적 감각과
영감을 제품에 반영했고 전 세계에 히트를 쳤다. 그는 혁신의 중심을 디자
인에 두었다. 디자이너가 먼저 맥킨토시, 아이폰 등의 제품을 디자인하면
그 디자인에 맞게 엔지니어가 기술을 개발했다. 그야말로 창의적인 역발상
사고다.

현재 융합 수업의 가장 대표격인 STEAM(과학, 공학, 기술, 예술, 수학이 융합된 형태의 교육)에서도 사실 예술적인 측면이 중요하다. 미래의 과학 인재를 양성하기 위해 어렸을 때부터 예술적 사고를 길러야 하기 때문이다. 여기서 Arts는 좁은 의미의 예술을 뜻하는 것 뿐 아니라 국어, 사회, 체육, 실과까지 예술로 포함하는 폭넓은 의미로 궁극적으로 모든 교과가 융합되는 형태를 추구한다.

마크 샌더스(Mark Sanders, 2011)는 STEM 및 STEAM 교육을 위한 방법으로서 "There can be no STEM or STEAM education without the T & E in STEM"이라고 말하였다. 기술이나 공학적인 내용이 들어가야 STEAM 교육이 성공할 것이라는 뜻이다.★ 과학은 탐구, 실험, 원리, 개념 중심이므로 여기에 기술과 공학에서 강조하는 설계와 만들기 중심의 창의적 문제해결이 결합되어야 한다는 것으로 이 과정에서 예술과 미적인 감정은 물론이고, 최종적으로는 산출물까지 도출해내길 기대한다.

★ 『STEAM 교육론』, 김진수, 양서원, 2012. p.204.

즉, "learning by making"의 개념으로 다음 그림은 STEAM 교육 방법론을 나타낸 것이다.

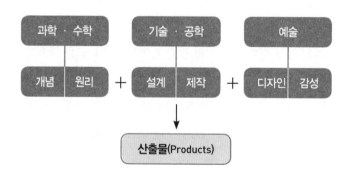

2012년 한국과학창의재단에서 발표한 STEAM의 학습 준거는 상황제시(문제해결 필요성을 느끼는 구체적 상황을 제시한다.), 창의적 설계(문제해결 방법을 학생 스스로 찾아간다.), 성공의 경험(문제를 해결하였다는 성취감을 맛본다.) 3단계다.

교과융합은 물론이고 기술과 공학 영역의 설계와 산출물까지 40분 안에 기대하기는 어려울 것이다. 당연히 블록타임을 하고, 새로운 STEAM 단원을 만들어야 하며, 그러기 위해 교과를 재구성하고, 융합 차시를 프로젝트로 교육과정에 구현해야 한다. 이것은 교사 혼자서 할 수 있는 간단한 일이 아니기 때문에 시범학교나 교과연구회를 통해 지금도 STEAM 수업 모델을 개발하는 중이다.

그러나 중요한 것은 앞으로는 이렇게 다양한 교과의 융합이 자연스러워질 거라는 점이다. 이는 시대적, 사회적 요구이며 그러기 위해 앞으로는 융합을 기초로 하는 프로젝트형 교육과정 운영이 필수가 될 것이다.

교사는 교실에서 어떻게 하면 다양한 교과를 재구성하고 융합할 것인지를 고민해야 한다. 어떤 과목이 어떻게 융합되는가는 그야말로 교사의 무궁무진한 상상력에 달려 있다. STEAM에서 예술의 분야가 미술뿐 아니라 역사, 사회, 국어, 도덕과 같은 모든 교과로 확대되듯이 교사가 융합을 시도하면 할수록 많은 주제와 프로젝트가 눈에 띌 것이다.

신윤복의 월하정인 그림을 보며 천문학을 이야기하는 수업, 김홍도의 씨름을 보며 마방진 수학식을 찾는 수업, 혼합물의 분리가 주제지만 내용은 태안의 기름 유출 사건을 다루는 수업이 바로 융합 수업이다. 고민할 것은 많지만 융합은 분명 진정한 수업 달인으로 거듭나는 비법이다.

태안반도의 기름 유출 사건은 혼합물 분리와 같은 과학 현상이 우리 생활과 얼마나 밀접한 관련이 있는가 하는 것을 보여준 사례다. 이 일을 통

▲ 김홍도의 씨름 그림을 보면서 마방진에 대해 이야기하고 있다.

해 학생들은 실생활 과학은 물론이고 주변의 어려움을 발 벗고 나서서 내일처럼 도와준 사람에 대한 윤리 의식을 함께 생각해볼 수 있다.

가드너(Howard. Gardner)는 "아이들이 학습에 몰입하게 되면 새로운 영역의 도전도 용기 있게 받아들이게 된다"고 하였다. 학생들에게 미처 생각해보지 못했던 실생활 속에서의 다양한 과목의 융합을 느껴보게 하는 것이 중요하다. 그래서 융합 수업의 성격에 맞게 한 시간 안에 끝나는 주제를 다루기보다는 프로젝트 수업을 진행하는 것이 더 적합하다. 다음은 종합예술인 뮤지컬로 표현한 과학 융합 수업 프로젝트다.

뮤지컬로 과학융합수업을!

1. 목적

5학년 2학기 운동과 속력 단원을 융합형 수업안으로 접근하여 학생들이 평소 어렵게 학습하던 물리 영역의 운동과 속력에 대한 개념을 이론, 실제, 융합 3단계로 학습할 수 있도록 한다.

2. 융합 수업과 단원의 재구성의 필요

"운동과 속력"은 수학, 과학적 원리를 이해할 수 있는 기본 소양이 있어야 한다. 따라서 평소 수학에 자신이 없는 학생들에게는 이 단원의 학습이 어렵다. 서로 다른 단위의 속력을 비교하기 위해서는 같은 단위로 환산할 수 있어야 하고, 속력을 나타낸 그래프를 이해하기 위해서는 수학에서의 측정과 통계를 이해해야 한다. 즉, 물리 영역이지만 수학 교과에 대한 기본적 이해가 필수적인 단원이다.

따라서 단원 전체에서 이미 수학과 과학을 융합하여 구성하고 있는바, 수업안을 개발함에 있어 이를 한 단계 더 나아가 체육, 미술, 음악과 같은 예술 영역과 융합하여 종합 예술 차시로 재구성하였다.

❶ 교과 및 단원 선정

학습 주제	구분	내용
뮤지컬로 운동과 속력 표현하기	문제 개요 및 실천 소개	• 1막 : 태초에 빛, 소리, 사람, 바람이 있어 이들이 조화롭게 어울려 살고 있었다. 그런데 빛, 소리, 바람, 사람이 각기 빠르기를 다투고, 이들의 다툼으로 세상이 혼돈에 빠진다.

학습 주제	구분	내용
뮤지컬로 운동과 속력 표현하기	문제 개요 및 실천 소개	• **2막** : 혼돈을 바로잡고 세상의 평화를 찾기 위해 각자의 흐름과 빠르기를 모두가 한데 모인 자리에서 자랑한다. • **3막** : 빛, 소리, 바람, 사람의 순서로 빠르기가 결정되고, 이들은 앞으로 빠르기를 다투지 않고 평화롭게 어울려 살기로 한다.
	중심 단원과 차시	• **5**학년 미술 **12.** 살아 숨 쉬는 미술 문화 • **5**학년 체육 **4.** 표현 활동 • **5**학년 음악 **1.** 음악과 생활 • **5**학년 과학 **3.** 운동과 속력
	관련 단원과 차시	• **5**학년 음악 **2.** 음악의 이해 • **5**학년 국어 **7.** 이야기와 삶

❷ 교과별 융합형 학습목표

(국어) 우리 주변에서 볼 수 있는 물체의 움직임과 속력을 과학글쓰기를 통해 시나리오로 표현할 수 있다.

(체육) 모둠별로 물체의 속력을 다양한 움직임으로 표현할 수 있다.

(음악) 다양한 물체의 속력을 노래로 표현할 수 있다.

(미술) 뮤지컬에 필요한 소품들을 디자인하고 제작할 수 있다.

(과학) 우리 생활 속 물체의 움직임과 속력을 이해할 수 있다.

❸ 차시별 운영계획

차시	차시별 활동 내용	교과 및 시량	구분
1	• **뮤지컬을 위한 준비계획 세우기**	과학 **40**분	오프라인

차시	차시별 활동 내용	교과 및 시량	구분
2~3	• 뮤지컬 시나리오 작성 • 모둠별 대본 연습하기 • 모둠별 대본 수정 및 보완하여 학급 홈페이지에 탑재하기	국어 **80분**	오프라인 오프라인 온라인
4	• **교과별 차시 통합 운영으로 뮤지컬 연습 시간 확보 및 연습하기** • 모둠별 대본 리딩하기 • 조명 및 필요한 음악 학급 홈페이지에 탑재하기 • 모둠별 발표 연습하기	과학 **40분**	오프라인 온라인 오프라인
5~6	• 모둠별 노래 가사 바꾸기 • 모둠별 노래 연습하기 • 모둠별 노래 홈페이지에 탑재하기	음악 **80분**	오프라인 오프라인 온라인
7~8	• 모둠별 움직임 구성하기 • 모둠별 움직임 연습하기 • 모둠별 무대 위 동선 연습하기	체육 **80분**	오프라인
9	• **뮤지컬 발표하기**	과학 **40분**	오프라인

❹ 시간 운영 계획

가. 교과융합형 프로젝트 수업이므로 학습 내용을 오프라인 학습 및 E-포트폴리오 제작으로 수정 및 보완해가도록 한다.

나. 교과별 교육과정 재구성을 통해 학습에 필요한 실제적인 차시를 통합하여 운영한다. 충분한 연습과 발표를 위해 일주일 분량의 미술, 음악, 체육 교과의 수업을 재구성하여 운영한다.

1) 뮤지컬 준비물을 제작하기 위해 미술 12. 살아 숨 쉬는 미술 문화의 2차시를 활용한다.

2) 무대 위 동작을 연습하고 움직임을 표현하기 위해 필요한 80분 2차

시 분량은 체육 4. 표현 활동의 2차시를 활용한다.

3) 노래가사를 바꾸어 부르고 이를 연습하기 위해 필요한 80분은 음악 1. 음악과 생활의 2차시를 활용한다.

4) 대본 리딩 및 연습을 위해 국어 7. 이야기와 삶에 나오는 촌극대본 연습의 2차시를 활용하여 충분한 준비를 한다.

잘못된 융합 수업의 사례

다음은 융합 수업이 아닌 사례로 이런 수업은 융합 수업이라고 보기도 어렵고, STEAM 수업도 아니다. 활동마다 다르게 교과를 나열한다고 해서 융합수업이 되진 않는다.

융합 수업은 왜 융합인지에 대한 목적이 있어야 하고, 관련한 각 교과의 주제가 유기적으로 수업 안에서 연계되어야 한다. 수학 수업에서 음악 감상을 한다면 왜 음악감상 활동이 필요한지 분명한 목적을 제시해야 한다.

단원(제재)	수학 4. 분수의 곱셈 미술 13. 추상으로 나타내기 음악 무늬가 달라지는 음악
학습주제	"윌리엄 텔 서곡"을 듣고, 진분수와 진분수의 곱셈 모형으로 느낌을 표현하기

학습 단계	학습 과정	교수·학습활동	시간 (분)	자료(☆) 및 유의점(△)
상황 제시	동기 유발 학습문제 확인 학습활동 안내	■ "윌리엄 텔 서곡" 일부분 감상하기 ■ 학습문제 확인하기 "윌리엄 텔 서곡"을 듣고, 진분수와 진분수의 곱셈 모형을 이용하여 느 낌을 자유롭게 표현하여 봅시다. ■ 학습활동 안내하기 〈활동1〉 (진분수)×(진분수) 알아보기 〈활동2〉 "윌리엄 텔 서곡" 알아보기 〈활동3〉 "윌리엄 텔 서곡"의 느낌 　　　　표현하기	5′	☆윌리엄 텔 서곡 △학습문제를 학생들과 함께 확인한다.
창의적 설계	진분수의 곱 탐구하기	■ 〈활동1〉 (진분수)×(진분수) 알아보기 - 땅의 가로, 세로 길이는 무엇입니 까? · 각각 $\frac{2}{3}$와 $\frac{3}{4}$입니다. - 모눈종이에 땅의 넓이만큼을 그려 표시하기 - 진분수 곱을 구하는 방법 모둠별로 토의하기	10′	☆모눈종이, 색연필, 자
감성적 체험	오페라 서곡 알아보기 곡의 느낌 표현하기 상호평가	■ 〈활동2〉 "윌리엄 텔 서곡" 알아보기 - 서곡의 역할 알아보기 - "윌리엄 텔" 서곡 듣기 ■ 〈활동3〉 "윌리엄 텔 서곡"의 느낌 표 현하기 - "윌리엄 텔 서곡"을 듣고 느낌 표현 하기 - 수학 넓이 모형을 이용하여 표현하기 ■ 작품 감상하기 - 모둠원과 함께 자신의 작품을 소개 하기 여 봅시다. - 가장 잘 표현한 사람 칭찬하기 - 수업을 통해 느낀 점 발표하기	10′ 25′ 10′	☆도화지, 풀, 색종이 등 △잘된 점을 중심으로 평가 하도록 한다.

프로젝트 학습,
교과서를
넘어
세상을 보다

4

아이들과 같이 프로젝트 학습을 진행해보고 싶은데 경험이 없어서 잘 모르겠습니다. 어떻게 준비하고 진행해야 할까요? 또 수업 시간이 모자라서 못 하는 활동은 어떻게 해야 할까요?

교과서를 넘어서기 위해서는 재구성과 융합이 필수적인 선택이다. 이때 재구성된 교육과정이라는 새로운 술을 담는 새 부대는 바로 프로젝트 학습이다. 학생의 성취 의욕을 높이고 교사의 부담을 줄이기 위해서 장기 프로젝트보다는 학생의 수준과 흥미에 맞는 중·단기 프로젝트 수업을 기획하는 것이 좋다.

유치원에서 아이들은 정말 다양한 방식으로 프로젝트 학습을 경험한다. 개미 프로젝트를 하는 동안 아이들은 개미를 잡기 위해 현장학습을 가고, 개미에 대한 시를 읽고, 개미에 대한 노래를 부르고 개미의 한 살이를 동화책에서 배운다. 그리고 개미를 교실에서 기르고, 그림으로 그리고, 만지고 살피고 관찰한다. 그것도 모자라 체육 시간에는 개미처럼 움직이는 것을 몸으로 표현한다. 이 과정을 거치고 난 아이들은 개미박사가 된다.

유치원에서는 주제를 중심으로 하는 교과 통합적 접근 방식이 아이들의 수준과 흥미에 가장 잘 맞는 수업 방식이므로 프로젝트식 수업으로 모든 활동이 이루어진다. 초등학생 또한 실습과 체험 위주의 학습을 할 때에 비로소 아이들의 근본적인 호기심과 학습 욕구를 불러일으킬 수 있다. 최근 학교마다 주변 기관과 연계하거나 학부모의 참여수업을 통해 목공 활동이나 노작, 실습 수업 등의 기회를 넓혀가는 것도 이러한 맥락이다.

초등학교에서도 학생들이 재미있고 흥미롭게 수업해갈 수 있는 가장 좋은 방법은 프로젝트 학습이다. 융합 수업도 프로젝트 학습으로 구현해야 하고, 스토리텔링도 하나의 큰 틀을 재구성하여 프로젝트로 수행해가는 것이 더 흥미롭게 구성할 수 있는 방법이다. 이에 기존의 프로젝트 학습에 협력활동과 학생 자신의 학습과정 점검과 반성을 강화한 PBL을 소개한다.

PBL(Problem Based Learnig)은 문제중심학습으로 학습 장소를 오프라인에서 벗어나 온라인 공간까지 넓히고, 교과서에 국한되어 있던 배움의 자료를 실생활로 옮긴다. 또한 학생이 계획부터 실행에 이르기까지 주체적으로 해결해가므로 시간, 공간, 주제가 융통성 있게 실현된다. PBL에서 학생들이 해결해야 할 문제를 발굴해내는 것이 교사로서는 가장 큰 고민이다. 교육과정을 담고 있되, 학생들이 프로젝트를 해결하고 싶은 욕구가 들 수 있도록 재미있고 참신한 것이어야 하기 때문이다.

PBL은 프로젝트의 주제를 "문제"로 제시한 다음, 학생들이 상호 협력하여 팀별 해결 계획을 인터넷 공부방에 올리도록 한다. 수행계획서를 올리면 교사가 검토한 다음, 이를 온라인과 오프라인 과정으로 나누어 해결하도록 하는데, 온라인상에서는 주로 학생들이 오프라인에서 미처 해결하지 못한 과제를 수행하고, 심화활동을 하는 데 초점을 둔다. 온라인의 특성상 E-포트폴리오를 통한 학습 과정을 점검할 수 있어 학생들의 수행 정도를 체크할 수 있다.

PBL에서 중요한 점은 학생들이 여러 개의 중점 교과 교육과정을 함께 수행해가는 과정이다. 이때의 결과물도 웹 출판하기, UCC로 공유하기, 유튜브에 동영상 올리기, 보고서 발표하기 등 다양하다. 교사는 학습 과정을 포트폴리오를 통해 확인하면서 프로젝트 수행 내용을 점검하도록 한다.

★ 『프로젝트 학습』, 강인애 공저, 상상채널, 2011.

준비하기	■ 프로젝트 학습 관련 오리엔테이션하기 ■ 활용할 매체와 교과 선정하기 ■ 기간 및 수업계획 수립하기
주제 선정하기	■ 교사와 학생이 함께 프로젝트 주제 선정하기 ■ 주제 제시하기 ■ 관련 교과의 연계성 살펴보기
계획하기	■ 팀 구성하기 ■ 학습계획 수립하기 ■ 구체적인 교육과정 시수 확보하기
진행하기	■ 교과 내용 활용하기 ■ 관련 자료 수집하기 ■ 토론하기 및 탐구, 협의하기
최종 산출물 완성 및 발표하기	■ 수집된 자료를 활용하여 최종 산출물 완성하기 ■ 최종 산출물 발표하기
평가하기	■ 성찰 일기(학습과정에 대한 자기 반성) 작성하기 ■ 수행평가에 반영하기 ■ 최종 산출물을 포함한 포트폴리오 작성하기

▲ 일반적인 PBL의 절차 ★

PBL,
공부와 꿈 두 마리 토끼를 잡아라

PBL 문제 만들기를 위해 가장 먼저 교과와 단원을 선정하는데, 이때 현실과 관련 있는 내용으로 문제를 만들면 학생들이 더욱 흥미를 갖는다. 또한 다루고자 하는 문제를 진로 교육과 관련지으면 다양한 직업을 탐색하고 이해하는 데까지 한 걸음 더 나아갈 수 있다.

진로교육은 삶의 의미와 목표를 생각해보게 하는 것이다. 자신감과 긍지를 갖고 나를 사랑하는 마음으로 늘 노력하는 삶을 사는 것이야말로 진로교육에서 추구하는 최종의 가치다.

그동안 초등학교에서는 진로교육을 연중 실시하는 것이 아니라 교육과정에 포함된 창의적 체험활동에서 단순하게 몇 시간 다루는 것이 다였다. 그러나 어릴 때부터 자신의 꿈을 위해 노력하는 것은 위인들의 가장 공통적인 삶의 모습이다. 이에 진로교육까지 함께 고민할 수 있는 PBL 진로교육 프로젝트의 의미를 찾을 수 있을 것이다.

다음은 노동부에서 발표한 통계결과다. 우리 사회가 매우 다양한 산업을 기반으로 하는 수없이 많은 일자리를 요구하고 있다는 것을 이해할 수 있는 자료다.

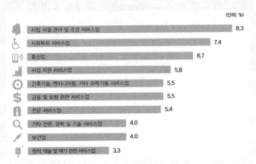

(단위: %)

사업 시설 관리 및 조경 서비스업	8.3
사회복지 서비스업	7.4
통신업	6.7
사업 지원 서비스업	5.8
건축기술, 엔지니어링, 기타 과학기술 서비스업	5.5
금융 및 보험 관련 서비스업	5.5
전문 서비스업	5.4
기타 전문, 과학 및 기술 서비스업	4.0
보건업	4.0
창작 예술 및 여가 관련 서비스업	3.3

▲ 노동부, 2010년 발표, '2008~2018년 일자리 증가율이 높은 10대산업'

그런데 초·중·고등학생을 대상으로 직업 희망 순위를 조사해보면 그 결과가 크게 다르다. 학생들은 자신의 주변에서 가장 쉽게 볼 수 있는 교사, 운동선수, 의사, 회사원, 연예인 등을 주로 희망한다. 다양한 직업 탐색이 초등학교에서부터 이루어져야 하는 의미를 찾을 수 있는 대목이다.

다음은 학생들에게 꿈을 키우면서 동시에 공부도 재미있게 할 수 있는 PBL 프로젝트 학습 사례다.

5학년 2학기 1. '우리 몸'과 연계한 진로교육 PBL 프로젝트

1단계. 문제 선정

5학년 2학기 1단원 '우리 몸'은 인체의 구조와 각 기관이 하는 일에 대해 알아보는 단원이다. 학생들은 이 단원에서 뼈와 근육이 하는 일, 소화,

호흡, 혈액의 순환, 배설, 신경과 자극에 이르는 많은 내용을 배우게 된다.

이 단원은 인체에 대한 다양한 내용을 학습하므로 수업에서 다루는 분량이 많은 편이다. 이에 학생들의 흥미를 잃지 않으면서도 심화된 주제를 통해 인체와 관련된 다양한 직업을 함께 학습할 수 있도록 한다.

기본 항목	내용
배경	미래의 유망직종인 웰빙 산업은 인간이 좀 더 편안하고 아름다운 삶을 살아갈 수 있도록 하는 것에 초점을 두고 있다. 이에 사람의 인체를 제대로 이해하고 어떻게 하면 인간이 가장 편안하고 즐거운 생활을 할 수 있도록 도울 것인지에 대한 고민이 필요하다.
상황	국제웰빙건강·의료박람회에 인체(기관)를 가장 편안하게 해주는 웰빙 프로그램과 어떤 직업이 가장 적절하게 인체의 웰빙을 돕는지 계획서를 제출한다.
주인공의 과제	• 인체의 각 기관이 하는 일을 일반인을 대상으로 하여 쉽게 설명할 수 있어야 한다. • 인체의 편안한 역할 수행을 위한 도움을 주는 직업들에는 어떤 것이 있는지 각 직업에 따른 입장에서 보고서를 작성해야 한다.
제한점	인체에 대한 지나치게 전문적인 내용은 학습에서 제외한다.

2단계. PBL 문제 시나리오

문제명	'인체를 돕는 최고의 웰빙 직업은?'

'우리가족의 소중한 건강을 위한 모든 것'이라는 주제로 개최되는 '2013 국제 웰빙건강&의료 박람회(IWIM 2013)'가 부산광역시, 부산시병원회 후원으로 오는 3월 28일부터 31일까지 4일간 부산 벡스코(BEXCO)에서 개최된다.

국제 웰빙건강&의료박람회는 웰빙건강산업관과 의료바이오산업관으로 나뉘며, 웰빙건강산업관에서는 친환경/유기농식품을 비롯하여 건강기능식품, 최신 건강기기를 선보일 예정이다. 또한 의료바이오산업관에서는 의료기관, 의료기기 등 최신 의료정보를 제공한다.

이번 전시회는 삼세한방병원, 아이드림산부인과, 세계로병원, 강남밝은성모안과의원 등 지역 유명 전문 병원들의 참가 및 무료건강검진을 진행한다. 부산 지역 의료기관의 우수성을 알림으로써 역외 환자 유출을 막는 것은 물론 역외 환자 유입에 좋은 계기가 될 전망이다.

국제 웰빙건강&의료 박람회는 행사 기간 중 동래봉생병원(당뇨병과 합병증/조미애 내과전문의), 좋은강안병원(건강을지키려면/서우영 과장), 푸드클리닉(푸드디톡스/이미영 대표)의 무료 건강강좌도 함께 진행한다.

IWIM2013 사무국은 "예방과 치료에 관련된 모든 정보를 직접 보고, 듣고, 느끼게 해주는 것이 이번 전시회의 가장 큰 목적이며 건강에 대한 올바른 정보제공을 통해 참가자와 참여 업체 모두에게 도움이 될 수 있는 박람회로 준비 중"이라고 밝혔다.

Global News Network `AVING` 손은경 기자(**www.aving.net**)

성공적으로 끝난 '**2013** 국제 웰빙건강&의료 박람회(**IWIM 2013**)'에 이어 **2014**년에도 국제웰빙건강&의료 박람회가 개최될 예정이다. 이에 인체 각 기관에서 하는 일을 돕는 최고의 웰빙 직업을 찾기 위한 부스를 열 계획이다. 신청서와 계획서를 제출하여 인체를 돕는 최고의 웰빙 직업을 찾는 부스를 꾸며볼까요?

Guide

- 인체의 각 장기별 하는 일과 역할에 대해 먼저 알아볼 것
- 웰빙 생활을 위해 어떤 직업이 있는지 알아보고 각 기관과 연관 지을 것
- 계획서와 보고서는 PPT 또는 프레지로 발표할 것

3단계. 세부 수업안 작성하기

문제명	'인체를 돕는 최고의 웰빙 직업을 찾아라'	중심 교과	과학
	5학년	관련 교과	사회, 과학
대상 학년		중심 단원	1. 우리몸

| 적용이론 및 중심활동 | 문제기반학습(PBL)
• 프로그램 계획하기
• 기관별 관련 직업 질의응답하기
• 기관별 관련 직업 보고서 작성하기 | 학습시간 | 온라인 | 7일 |
| | | | 오프라인 | 9차시 |

학습단계	교수–학습활동	시량 및 구분
문제 제시	◎ 문제 제시 및 문제 이해하기 – 동기유발, 관련 자료 기사 제시하기 • 관련 신문 기사 제시 – 문제 제시 및 내용 파악 ◎ 해결 문제 선정하기 인체를 돕는 최고의 웰빙 직업을 찾아보자.	15분 오프라인
과제 수행 계획서 작성	◎ 과제 수행 계획서 작성하기 – 문제해결을 위해 알아야 할 내용 살펴보기 • 신체의 이름과 배울 내용 살펴보기 • 관련된 실험 준비 및 탐구하기 – 문제해결을 위해 팀원 구성하기 – 문제해결에 필요한 자료 알아보기 • 인터넷, 백과사전, 참고 자료 등 – 문제해결을 위한 수행 계획 팀별로 수립하기 • 역할 분담하기(자료조사, 발표, 기록, 보고서 작성, 발표 등) • 인터넷 공부방 개설 및 자료 탑재 요령 확인하기 – 역할 분담에 따른 과제 수행 계획서 작성 및 홈페이지 탑재하기	25분 오프라인 (1차시 분량)
문제 해결 방법 찾기	◎ 팀별 문제해결 방법 찾아보기 – 과제 수행계획서에 따른 개별 과제를 학습하기 • 인체가 하는 일 학습하기(소화, 순환, 호흡, 배설, 뼈와 근육, 신경) • 건강한 생활과 비만 예방하기	오프라인 (6차시 분량)
	– 과제에 따른 관련 직업 탐색을 위한 팀별 해결 방법 찾기 * 참고 사이트 : **www.work.go.kr** • 푸드스타일리스트 : 음식물의 소화와 바른 음식물 섭취	온라인(7일) 오프라인 (1차시)

학습단계	교수-학습활동	시량 및 구분
문제 해결 방법 찾기	• 다이어트 프로그래머 : 비만 예방과 건강한 생활 • 에스테티션 : 얼굴 표정과 근육 • 음악치료사 : 신경과 자극 (청각 기관) • 아로마테라피스트 : 신경과 자극 (후각 기관) • 심혈관 전문의 : 심장과 혈관 • 헬스 케어 전문가 : 운동과 호흡 ◎ 자료 공유하기 – 인터넷, 신문, 도서 등을 통하여 필요한 자료를 수집하고 수집한 자료를 온라인 공부방에 탑재하여 공유하기 – 과제 안내하기 • 과제수행 보고서(부스운영계획서) 제출하기 • 발표 준비하기	온라인(7일) 오프라인 (1차시)
결과 정리	◎ 결과 정리하기 – 선택한 프로그램에 따른 보고서 작성하기 – 교사의 피드백에 따른 보완하기 ◎ 공개발표용 보조 자료 제작하기 – 보조 자료를 활용하여 발표하기 – 모의 부스 구성하기	오프라인 (1차시)

내 수업에는
배움이 없고 평가만 있다!

평가에서
당신은
자유로운가요?

1

 기존에 해왔던 선다형 중심의 평가가 문제가 있다는 것은 잘 알고 있습니다. 앞으로의 평가는 어떤 식으로 달라질까요? 평가에 대한 전반적인 설명을 해주세요.

평가란 일반적으로 목표한 것에 얼마나 도달했는가를 보기 위한 과정(Tyler), 또는 교육과 관련된 대상의 장점, 질, 가치 등을 판단하는 과정(Scriven) 등으로 생각해볼 수 있다. 그렇지만 교육목표에 얼마나 도달했는가를 중점적으로 볼 때 교육목표에 설정되지 않은 부분을 어떻게 할 것인가 하는 문제가 남는다. 교육목표에서 의도하지 않았으나, 학생이 수업을 통해 얻은 다양한 사고 과정은 살펴볼 수 없는 한계가 생기는 것이다. 또한 교육과 관련된 대상의 가치를 판단할 때는 교사, 학생, 기관, 교육프로그램, 교육과정에 이르는 폭넓은 것을 평가의 대상으로 살펴본다.

이를 좀 더 명확하게 이해하기 위해서 한국교육과정평가학회(2004)에서 설명한 몇 가지 평가와 관련된 개념을 살펴보면 다음과 같다.

- 평가(Evaluation) : 어떤 대상의 질이나 가치, 값을 판단하여 결정하는 것
- 측정(Measurement) : 인간의 인지적, 정의적, 심동적 영역에 속하는 여러 특성을 검사나 질문지와 같은 도구를 이용하여 수량화하는 과정, 즉 양적인 서술을 뜻한다.
- 사정(査定 : assessment) : 다양한 측정 결과를 통해 개인이나 대상의 전체적인 모습을 조명하는 전인적 평가, 또는 특성이나 수준에 관해 정보를 도출하는 제반 절차

위 정리에 따르면 선다형 평가는 평가의 개념 중 측정에 가깝다는 것을 알 수 있다. 즉, 선다형 평가는 양적으로 학생의 수준을 객관화하기 위한 시도라는 것을 말할 수 있는 부분이다. 그동안 해왔던 선다형 평가는 주로 선발과 서열화에 초점이 있었다.

그러나 앞으로의 평가는 살펴본 것과 같이 평가의 다양한 측면을 고려한 형태로 바뀌어야 한다. 질 좋은 평가가 되기 위해서는 검사지, 질문지, 면접, 관찰, 포트폴리오와 같은 다양한 방법이 시도되어야 함은 물론이고, 이에 대한 타당도, 신뢰도, 객관도를 만족할 수 있는 평가여야 한다. 그러므로 앞으로는 측정보다는 사정의 의미로서의 평가가 필요할 것이다.

또한 평가는 목적을 중심으로 나누었을 때 크게 과정을 보는 평가와 결과를 보는 평가로 분류할 수 있다. 과정중심평가(Progressive oriented test)는 동료평가, 자기평가 등이 있고, 결과중심평가(Outcome oriented test)는 학생들

이 수업 시간에 얻은 학습 결과물을 중심으로 보는 에세이, 퀴즈, 산출물 평가 등이 있다.

- 과정 지향 평가(progress oriented assessment) : 어떻게 알게 되었는가에 초점이 있다. 포트폴리오 평가, 자기 평가, 동료 평가, 관찰 평가 등
- 결과 지향 평가(outcome oriented assessment) : 학습결과를 보는 데 초점이 있다. 산출물 평가, 에세이, 퀴즈, 학습일지 쓰기 등

현장에서 이루어지는 일반적인 평가는 목적으로 봤을 때 결과 중심이며, 개념으로 봤을 때는 측정에 더 초점이 맞춰져 있다. 평가자 입장에서는 결과 중심의 측정이 학생들의 수준을 파악하기에 쉽기 때문이다.

그러나 요즘 주로 교실에서 하고 있는 협력학습, 프로젝트 학습은 그 결과만 평가하기에는 아쉬운 부분이 너무나 많다. 좋은 수업을 통한 학생들의 사고의 발달이라는 중요한 내적(內的) 측면을 놓치게 되기 때문이다.

동료 평가나 자기 평가와 같은 부분은 그동안 그 중요성을 간과해왔지만, 무엇을 배우고 학습에 어떻게 참여했는지 반성하고 돌이켜 생각할 부분이 무엇인지 살펴보는 것만큼 중요한 피드백도 없다.

자기 평가에서는 그날의 학습에 있어 나의 태도 돌아보기, 얼마나 배우고 알았는지 등을 생각해보게 해야 하며, 이것은 평소 학습일지 쓰기 등을 통해 살펴볼 수 있다. 이 과정을 통해 수업에서 배운 것이 무엇인지, 또한 문제해결을 위해서 어떤 노력을 했는지와 같은 자신의 학습 태도 전반에 걸친 반성과 성찰이 이루어진다.

교사는 평가의 궁극적인 목적을 생각해봐야 한다. 양적인 측정과 결과

중심의 평가에서 교사가 먼저 자유로워지지 않는 한 아이들은 평가에서 늘 같은 자리를 맴돌게 된다. 자기 평가, 상호 평가, 그리고 포트폴리오를 중심으로 하는 과정 평가 등 학생의 사고와 학습과정을 평가의 주요 핵으로 삼고 이를 위해 노력해야 할 것이다.

서술형 평가, 평가가 바뀌면 수업도 바뀐다

2

 학교에서 시험을 출제할 때 서술형 평가를 요구합니다. 어떤 문항을 어떻게 출제하는 것인지 궁금합니다.

국가수순학업성취도 평가는 그 실효성에 대해 논란이 많았던 터라 초등학교에서는 2013년부터 사라졌으나, 얼마 전만 해도 교육계의 뜨거운 감자였다. 국가에서 공통으로 실시하고 그 결과를 지역별, 교육청별로 공개했기 때문에 이 시험의 결과에 따라 우수 학교와 아닌 학교가 갈렸다. 이 시험을 잘 보기 위해서 암암리에 어느 학교에서는 일부 학년만 따로 보충수업을 하기도 하고, 어느 학교에서는 일시적으로 평가대비 부진아반을 운영했다.

이 국가수준평가에서 낮은 수준을 기록한 어느 학교는 프로젝트형 교육과정을 몇 년째 운영하고 있었다. 체험과 노작활동 위주의 활동 중심 교육과정이었다. 분명 특색 있고 우수한 학교 교육과정이었음에도 이 학교는 어느 순간 국가수준평가라는 딜레마에 빠지게 되었다. 만약 국가수준평가가 학생들의 사고력을 측정할 수 있는 우수한 문항이었거나, 이 학교 학생들의 사고력이 향상되었음을 증명할 다른 방법이 있었다면 상황은 달라졌을 것이다.

학생들의 깊이 있는 사고력은 한순간에 길러지는 것이 아니고 교과서 문제로 쉽게 측정할 수 있는 것도 아니다. 이 학생들에게 시간이 좀 더 있었더라면 아마도 어떤 평가에서든 좋은 성적을 거뒀을 것이다.

평가가 바뀌지 않으면 수업도 바꿀 수 없다. 우리의 교육 현실이 평가가 먼저이고 수업이 나중이기 때문이다. 현장에서는 결과를 쉽게 처리할 수 있고 공정성을 확보할 수 있기 때문에 선택형 문항을 더 선호하며, 이 결과를 학생과 교사의 실력을 말하는 척도로 삼는다. 그래서 현장에서는 수업을 위한 평가가 아니라 거꾸로 평가를 위한 수업을 하는 실정이다.

그러나 서술형 평가, 논술형 평가의 비율을 서서히 높여가는 쪽으로 평가의 방향을 수정한다면 학생의 사고 과정과 탐구능력, 생각하는 힘을 측정하는 평가도구들이 함께 개발될 것이고, 그에 따라 수업 또한 학생의 생각하는 힘을 키우고 사고의 과정을 중요하게 생각할 것이다.

서술형 평가는 서답형 문항의 한 종류다. 간단하게 답을 적는 단답형 문항과 논리적인 사고력을 요구하는 논술형 문항처럼 생각을 기술(記述)하는 것으로 자료를 제시하고 분석할 수 있는지를 살펴보거나 분량이나 응답 형태에 제한을 두고 응답하게 한다.

그러므로 서술형 평가는 논술형보다 서술할 분량이 비교적 적은 편이며, 채점을 할 때도 서술된 내용의 깊이와 폭에 관심이 있고 다양한 인정

답안을 두어 학생의 문제해결과정과 그 반응을 보는 평가라 할 수 있다.

서술형 평가 문항의 유형은 크게 반응을 허용하는 정도에 따라 응답 자유형과 응답 제한형으로 나눈다. 응답 자유형은 자유롭게 응답할 수 있는 형태의 문항으로 내용 범위나 양식에 큰 제한이 없다. 답안의 최대 길이 역시 학생의 능력과 시험 시간에 의해서만 간접적으로 제한한다. 응답을 제한하는 것은 분량을 제한하거나 내용을 제한하는 형태로 다음 예시와 같다.

- 분량 제한형 : 위 글에서 나타난 정보 사회의 문제를 막기 위한 해결 방법 두 가지만 쓰시오. (두 가지로 분량에 제한을 두었다.)
- 내용 제한형 : 고려 사람들이 위 문화재를 만든 까닭을 쓰시오. 고려 사람들이 믿은 종교와 시대 상황을 반영하여 쓸 것. (응답에 있어 반드시 반영해야 할 상황을 제한하였다.)

다음으로는 참고자료를 제시했는지 여부에 따라 나눈다. 문제 상황만을 가지고 응답하게 하는 단독 과제형과 참고할 자료를 제시하고 이를 해석하여 응답하게 한 자료 제시형으로 나눈다.

- 단독 과제형 : 구석기와 신석기 시대의 생활모습을 비교하여 쓰시오.
- 자료 제시형 : 위 역사지도를 참고하여 백제의 전성기 모습에 대해 쓰시오. (참고자료를 제시한다.)

따라서 서술형 평가 문항은 다음과 같은 일정한 구조를 갖춘다.

<u>고려의 후삼국 통일의 의의를 신라 삼국통일과 비교하여</u>(평가요소) <u>쓰시오.</u> (반응지시어) [4점] (배점)

※ 평가요소 : 교육과정, 성취기준, 성취수준 등에 근거하여 학생들이 답하기
   를 요구하는 요소
※ 반응지시어 : 어떤 형태로 답을 작성해야 하는지 밝히는 요소
※ 배점 : 문항의 점수

흔히 생각하듯이 서술형 평가는 글을 쓰기만 하면 맞았다고 하는 평가가 아니다. 서술형 평가에서는 출제자가 기대하는 모범 답안이 있고, 이 모범 답안에 부분적으로 일치할 때 부분 점수를 줄 수 있는 인정 답안이 있다. 학생들은 기준 답안과 일치하는 내용을 써야 하고, 학생이 제출한 답안 내용을 통해 자료를 이해하고 해석하는 능력이 어느 정도 있는지 출제자는 파악할 수 있다.

기존의 객관식 평가에서는 측정할 수 없는 학생들의 사고력과 문제해결력을 서술형 평가에서는 파악할 수 있게 되는 것이다. 앞으로의 수업이 창의적 사고능력과 다양한 실생활에서의 문제해결능력을 초점으로 두고 진행된다는 점에서 서술형 평가는 교사들이 당면한 또 하나의 과제다.

서술형 평가 문항 제작하기

1) 평가 목적 설정하기
2) 평가 대상 집단의 특성 및 수준을 파악하기
3) 출제자간 협의를 통해 출제계획표 작성하기

4) 성취기준과 성취수준 분석하기

5) 평가 요소 선정하기

6) 행동 영역 설정하기

▲ 예시 : 국가수준 학업성취도 평가 사회과 평가 영역 구성

내용 영역 　　　　행동 영역	기억	이해	분석	활용
지리(인간과 공간)				
역사(인간과 시간)				
일반사회(인간과 사회)				

7) 이원 목적 분류표 작성하기

▲ 예시 : 국가수준 학업성취도 평가 사회과 평가 영역 구성

문항 번호	내용 영역	성취 기준	행동 영역			문항 곤란도			배점
			지식	이해	적용	어려움	보통	쉬움	

8) 교육과정에 명시된 성취 기준에 근거하여 문항을 작성한다.

성취 기준	평가 기준		
	상	중	하
611. 우리나라 국토의 위치와 영역을 지도와 지구본을 활용하여 확인한다.	세계지도와 지구본에 나타난 우리 국토의 위치와 영역의 특성을 다른 나라와 비교하여 설명할 수 있다.	세계지도와 지구본에서 우리나라의 위치를 찾고 영역의 특징을 진술할 수 있다.	세계지도와 지구본에서 우리나라의 위치를 찾을 수 있다.

9) 성취 기준에 맞는 문제상황을 결정하고 문항 초안을 작성한다.

10) 기본답안, 채점기준, 부분 점수별 예시 답안을 작성한다.

11) 작성된 문항 초안, 기본 답안, 채점 기준 등을 검토한다.

내가 만드는 서술형 평가 문항

[사회과]

고구려 건국 이야기	가야 건국 이야기
고구려를 세운 주몽은 하늘 신의 아들인 해모수와 물의 신 하백의 딸 유화 사이에서 태어났다. 그는 알을 깨고 나왔는데 사람들은 그를 '주몽'이라 불렀다.	낙동양 유역 평야 지대에 가야라 불리는 나라가 있었는데 왕이 없어 하늘을 향해 노래하니 여섯 개의 알이 내려왔다. 그 알에서 가장 먼저 태어난 김수로가 금관가야의 임금이 되었다.

평가 요소 :

만든 문항 :

평가 요소 :

반응지시어 : [점] (배점)

※ 채점 기준표 만들기

구분		답안 내용	배점
모범 답안			
인정 답안	인정 답안 1		점
	인정 답안 2		
부분 점수 기준			점
			점
채점시 유의사항			

아이들은
수업에
빠졌는데,
성적은 왜?

3

수업 시간에 재미있어 해서 게임이나 놀이 위주의 수업을 주로
했습니다. 그런데 평가에선 아이들이 기대 이하의 낮은 성취를
보입니다. 무엇이 문제일까요?

아이들은 놀이를 좋아한다. 주변에 있는 모든 것이 장난감이고, 갖고
놀 게 없으면 놀이를 만들어낸다. 청소년들이 휴대전화로 문자를 끝없이
주고받는 것도 그들에게는 문자가 일종의 놀이기 때문이다. 시간만 있으면
어른도 놀기 위해 궁리한다. 즐거움을 추구하는 것이야말로 인간의 타고
난 본성이다.

수업이 놀이처럼 재미있어야 하는 것도 그래서다. 교사를 위해서도 수
업은 재미있어야 한다. 교사가 재미없으면 아이들도 재미없다. 교과의 벽을
넘어 융합을 시도하고 스토리텔링을 하는 것도 심지어는 프로젝트학습을

하고 현장체험학습을 가는 것도 모두 같은 이유다. 아이들이 새로운 방식을 흥미로워하기 때문이다. 우리는 결국 재미있는 수업을 하기 위해 그렇게나 많은 것을 고민하는 셈이다.

영어 단어를 외울 때 단어카드로 외우는 것과 빙고놀이를 하는 것은 아이들 표정부터 다르다. 외워야 하는 내용은 똑같아도 아이들은 시험지 푸는 것보다 골든벨을 더 좋아한다. 접근 방법이 다르기 때문이다. 학습 내용은 같아도 놀이로 접근하면 아이들은 즐거워한다.

그러나 수업은 즐겁기 위해서 하는 것만은 아니다. 수업의 가장 근본적인 목적은 배우기 위한 것이다. 그러므로 놀이 중심의 수업을 할 때도 몇 가지 기억해야 할 것이 있다.

첫째, 놀이가 수단이 되어야지 목적이 되어서는 안 된다. 놀기 위해서 수업을 하는 게 아니라 수업을 잘 하기 위해서 놀이를 하는 것이어야 한다. 수업에서 교과서를 하나의 교재로 사용하듯이 놀이 역시 수업의 목표에 도달하기 위한 하나의 도구이고, 수업의 재료로 쓰는 것이다.

둘째, 수업에 왜 놀이를 도입하는가에 대한 명확한 목적이 있어야 한다. 아이들이 좋아하기 때문에 수업 시간에 10분 이상 빙고를 하고 있다면 괜찮은 걸까? 왜 빙고를 하는지 분명한 목적이 없으면 수업 시간의 대부분을 쉽게 써버리고도 아이들이 재미있어했으니 잘했다고 생각할 것이다. 그러나 수업은 의도적인 계획 안에서 이루어져야 목표에 도달할 수 있다.

셋째, 활동 다음에는 반드시 배운 내용을 되짚어 확인해야 한다. '놀이를 통해 배웠다'와 '재미있게 놀았다'는 다르다. 이 과정을 제대로 짚어주지 않으면 학생들은 무엇을 했는지 모르고 그저 '재미있게 놀았다'고 생각하기 쉽다.

재미있지만 배우는 것이 없는 이유

새내기 교사 시절 재미있는 놀이와 게임이라면 무엇이든 수업 시간에 적용해보았던 때가 있었다. 아이들은 재미있어했지만 문제는 그 다음이었다. 게임하는 시간에만 반짝 주의가 집중되고 그 다음은 오히려 전보다 어수선해진 교실을 어떻게 수습해야 할지 몰라 당황할 때가 많았다.

몇 년이 흐른 다음 고학년을 맡았을 때도 마찬가지였다. 수업 내용을 노래 가사로 바꾸어 신 나게 부르고, 모둠별 스피드 퀴즈에 골든벨까지 온갖 재미난 수업을 해도 아이들의 성적은 쉽게 오르지 않았다. 오히려 밑줄 치고 공책을 정리하는 수업이 평가에는 더 효과적이었다.

이 문제의 원인이 아이들에게 있는 것도, 교사의 경력에 있는 것도 아니라는 것을 나중에서야 깨달았다. 아이들이 재미있어 했기 때문에 수업에서도 목표에 도달했다고 생각했으나, 정작 가장 중요한 '이 게임을 수업에서 왜 하지?'를 생각하지 않았던 것이다.

많은 시행착오 끝에 놀이를 수업에 활용할 때도 교사가 먼저 그 목적을 고민해봐야 한다는 것을 깨달았다. 학습목표에 도달하기 위해서는 수업에 참여하는 교사와 학생 모두 똑같이 목표를 인식하고 있어야 한다. 따라서 활동 중에 얼마나 목표를 놓지 않느냐 하는 것이 놀이 중심 수업에서도 가장 핵심이라고 할 수 있다.

아이들에게 가장 필요한 활동이 무엇인지 생각해보고 바로 그것을 해야 한다. 아이들이 수업 중에 불필요한 활동을 하느라 시간을 낭비해선 안 된다. 활동 중심 수업에서 빼놓지 말고 챙겨야 할 것은 왜 배우는지, 무엇을 배웠는지 하는 것이다. 이 과정을 체크해야만 활동만 하고 끝나는 수업에서 벗어날 수 있다.

목표에 도달하는 놀이 수업이 되기 위해

수업설계

수업을 설계할 때 반드시 필요한 놀이인지 먼저 고민한다. 게임이나 놀이가 수업에서 학생들이 가장 효율적으로 공부할 수 있는 방법인지 기획 단계에서 한 번 더 생각해보아야 한다.

활동

수업 목표를 아이들이 정하게 하고, 그 목표를 도달하기 위한 활동들을 계획해보게 한다. 수업 목표에 도달하기 위한 가장 효율적인 활동을 직접 계획해봄으로써 학생은 학습의 주체가 될 수 있으며, 계획한 활동에 적극적으로 참여할 수 있다.

정리

그 시간의 학습 내용이 무엇이었는지 교사와 학생이 함께 마무리하며 정리한다. 놀이를 통해 알게 된 것이 무엇인지 이야기해 보고, 배운 내용을 확실하게 짚고 넘어가야 학생들이 게임하느라 '배운 게 없다'는 생각을 하지 않게 된다. 자칫 놀이를 통해 어수선해질 수 있는 학생들의 주의를 다시 수업으로 환기시킬 수 있다.

평가

수업에서 목표에 정확하게 도달한다면 평가에서도 낮은 성적을 내지는 않는다. 단답형 퀴즈뿐 아니라 배운 내용을 말로 설명하고, 이를 다시 놀이로 꾸며보게 하는 것과 같이 다양한 방법을 시도해야 한다.

한걸음 더

아이들에게 놀이를 개발해보도록 하면 기발한 놀이를 많이 만들어낸다. 교사가 잘 아는 몇 가지 놀이를 수업 시간에 반복하는 것보다는 아이들이 놀이를 개발해보도록 한다. 그리고 자신이 개발한 그 놀이의 규칙을 친구에게 설명해보게 하면 언어로 자신의 생각과 구상을 다시 표현해볼 수 있다. 이런 과정은 창의성 발달에도 굉장히 효과적이다.

사회 시간에 청동기 시대에 사용한 생활도구와 주거생활을 배운 다음 다양한 활동을 도입하는 장면이다.

교사	이 시간에 우리가 꼭 알아두어야 할 것은 무엇일까요?
학생1	청동기 시대에서 사용한 생활도구입니다.
학생2	청동기 시대의 주거 생활이에요.
교사	그러면 꼭 외워야 할 핵심 단어들을 정리해봅시다.
학생3	움집, 반달돌칼, 청동기 등이 있습니다.
교사	(수업과 관련된 핵심 단어를 다시 한 번 지도한다.)
교사	이제 이 단어들을 잊지 않고 기억하기 위해 어떻게 해야 할까요?
학생1	모둠별로 스피드 퀴즈를 해보면 어떨까요?
학생2	노래로 가사를 바꿔서 불러보면 오래 기억할 것 같아요.
학생3	마인드맵으로 정리해보면 좋겠어요.
교사	각자 원하는 활동이 다른데 어떻게 하면 좋을까요?
학생1	모둠별로 어떤 식으로 활동할 것인지 정하면 좋겠어요.
교사	(모둠별로 활동에 대해 토의하고, 토의한 내용을 발표하도록 한다.)

학생1   1모둠에서는 한 사람이 문제를 맞추고 나머지가 돌아가면서 문제를 풀기로 했어요. 문제는 각자 다섯 개씩 출제하고, 좋은 문제를 다시 토의해서 결정하기로 했습니다.

교사   (모둠별로 선택한 활동을 하게 한다.) 활동한 내용을 발표해보겠어요.

학생   스피드 퀴즈, 노래가사, 마인드맵 등 모둠별로 활동한 내용을 다른 친구와 공유한다.

교사   활동한 것을 정리하겠습니다. 청동기 시대 주거생활과 사용했던 생활도구에는 무엇이 있었는지 다시 살펴봅시다. (교사와 함께 다시 정리하는 시간을 갖는다.)

상호평가,
모둠 발표할 때 활용하라

반응성 효과(Reactivity Effect)는 자신을 포함해서 누군가가 행동을 관찰하거나 기록하기만 해도 사람들의 행동이 달라지는 것을 말한다. 이것을 심리학에서는 자기 감찰기법으로 응용해서 사람의 행동을 변화시키는 데 활용한다. 즉, 칠판 한 구석에 이름을 작게 적어두는 것만으로도 학생의 행동에 변화를 가져올 수 있다.

이때 학생을 긍정적 방향으로 이끌기 위해 조용히 한 학생, 태도가 좋은 학생의 이름을 적는다면 떠든 학생과 태도가 나쁜 학생을 적는 것보다 훨씬 효과가 크다. 다른 학생이 자신의 행동을 관찰하고 있는 것만으로도 발표하는 학생의 태도도 신중해지고 차분해진다는 것을 염두에 두고 모둠 발표 때에도 상호평가를 충분히 활용하는 것이 좋다.

보통 한 모둠이 나와서 발표하고 나머지 학생들이 들어야 하는 상황이 생기는 경우 나머지 학생들이 발표를 제대로 들어주지 않아서 어수선한 경우가 많지만, 이렇게 상호평가를 활용하면 학생들은 다른 친구의 발표를 주의 깊게 들을 뿐 아니라 발표를 통해 배울 것을 찾아낼 수 있다.

교사가 칠판 구석에 모둠 상호평가표 예시를 적어놓고 나머지 학생은 공책에 적게 한다. 이때의 상호평가는 잘된 점을 중점적으로 보도록 하되, 개선할 내용을 함께 적고, 발표가 끝난 다음 서로 조언을 해주는 시간을 갖는다. 이런 공유의 시간을 가지면 아이들은 자신의 발표가 어떤 모습이었는지 모니터링할 수 있게 되고, 잘한 점에 대해서 긍정적인 피드백을 받게 되므로 보람을 느낄 수 있다.

저학년에서는 긴 내용을 적기 어려우므로 별점을 주게 하고, 칭찬할 부분과 아쉬운 부분을 메모하듯이 간단하게 적게 한다.

모둠	발표자	발표 내용	칭찬하고 싶은 부분	아쉬운 부분
1	임유진 (**5**학년)	우리 생활 속 미생물에 대해서 피피티로 발표했다.	피피티를 깔끔하게 잘 준비해왔다. 준비하느라 힘들었을 것 같다. 성실한 모습이 보기 좋았다.	어려운 단어들이 많이 나왔다. 인터넷에서 그대로 복사하기 한 것처럼 보여서 아쉬운 부분이 있었다.
2				
3	임성연 (**3**학년)	모둠 악기 만들기 ★★★★☆	구슬을 잘 달았다.	소리가 잘 안 난다.

오감만족 체험학습, 평가는?

읽기 교과서에 나오는 '한지 만들기'는 글을 읽는 것만으로는 좀처럼 이해가 되지 않는다. 사실 본 적이 없는 것을 상상하는 것은 어려운 일이다. 이럴 때 한지 만드는 곳에 현장학습을 가면 학생들은 한지가 어떤 식으로 만들어지는지 눈으로 보고, 손으로 만지고, 냄새를 맡아볼 수 있어 오감만족 배움을 할 수 있다. 궁금했던 것을 해결하고 교과서에서 다루지 않은 더 많은 것을 느끼고 배울 수 있기 때문이다. 그래서 교육과정은 많은 개정을 거치면서 가능하면 밖으로 나가 아이들이 체험하는 교육을 하도록 강조해왔다.

문제는 오감이 '지식'으로 이어지는가 하는 것이다. 오감을 만족시켰다 하더라도 배운 내용을 제대로 확인하지 않으면 마치 신 나게 영화를 보고 나와서 얼마 지나지 않아 줄거리의 대부분을 잊어버리는 것처럼 학생들은 그날 배운 것을 쉽게 잊어버리고 만다. 그래서 체험학습에서는 반드시 수업에 앞서 무엇을 공부할지 확실하게 인지시켜야 하며, 정리단계에서는 체험을 통해 배운 내용을 복습하는 과정이 필요하다.

개구리의 한 살이를 이해하기 위해 개구리를 만져보고, 개구리를 그림 그려보는 것은 호기심이 많고 움직임이 많은 3학년 학생들에게 바람직한 수업 방법이다. 다만, 개구리를 만져보고 그려보는 것으로 끝나서는 안 되고 학생들에게 개구리를 만져보고 그려보는 활동을 통해서 무엇을 배워야 하는지, 그리고 무엇을 배웠는지 물어보는 과정이 꼭 있어야 한다.

체험 중심 수업은 보통 학생들이 활동하는 것만으로도 잘 하고 있다고 생각하기 쉽다. 그러나 분명한 것은 학생들이 느끼고 경험하는 것 이상으로 기본적인 원리와 지식을 학습해야 한다는 것이다.

체험이 최고의 학습인 것만은 틀림없다. 그러나 체험 중심 수업에서 학생들이 배운 것이 없는 막연한 상태로 끝난다면 그것은 교실에서 책을 여러 번 읽는 것만 못하다. 이는 과학 실험 수업도 마찬가지여서, 실컷 실습을 해놓고도 막상 시험 볼 때는 열심히 만져보던 삼각 플라스크 이름조차 쓰지 못하는 아이들도 있다. 그래서 무엇을 배우고자 하는지, 어떤 것을 꼭 알아야 하는지, 배운 내용이 무엇이었는지를 반드시 확인하는 과정을 거쳐야 하는 것이다.

실험 수업을 통해서 알아야 하는 기본적인 과학 지식과 탐구 내용을 학생들과 같이 살펴보고, 실험 기구들의 이름까지도 정확하게 공책에 써봐야 하고, 어떤 내용을 알게 되었는지 수업의 끝에서는 반드시 정리 과정을 거쳐야만 한다. 그래야만 학생들이 체험한 내용이 진정한 배움으로 남을 수 있다. 이 때의 배움은 교실에 가만히 앉아서 교사가 가르쳐준 것으로 얻은 지식과는 차원이 다르다.

그래서 체험학습은 제대로 하면 최고의 학습이 되지만 제대로 하지 않았을 때는 앉아서 조용히 교과서를 읽은 것만 못하다. 오감을 통한 수업을 했다면 앉아서 책을 통해서 배운 것보다 그 질적 수준이 높은 것이 당연하다. 그 모든 것이 학생의 지식으로 고스란히 흡수되기 위해서는 목적을 제대로 설정하고, 배운 내용을 다시 되짚어가면서 함께 확인하는 과정을 거쳐야 할 것이다.

세 번째 벽, 부진

누구나 고민하지만
아무나 해결하지 못한다

학습부진의
원인은
다양하다

1

학습부진이 심각한 아이가 있습니다. 학급에서 학습부진학생을 지도하려고 해도 어떻게 해야 할지 막막합니다. 학습부진의 원인과 지도 방법을 알고 싶어요.

학습부진, 학습지진, 학습장애는 다르다

- 학습부진(school underachievement, 學習不振) : 정상 지능이지만 학생의 내적(內的)·외적(外的) 요인으로 교과의 최소 학업 성취 수준에 미치지 못하는 경우를 말한다.
- 학습장애(learning disabilities, 學習障碍) : 지능은 정상이지만 말하기, 읽기, 쓰기, 셈하기 등 기초 3RS에서 문제가 나타나는 장애를 말한다. 행동장애, 주의력결핍과잉행동장애, 우울장애 등과 동반되기도 하며, 읽기장애, 수학학

습장애, 쓰기장애 등이 있다.

- 학습지진(slow learner, 學習遲進) : 지능이 평균 이하(70~89)로 학습에 어려움을 겪고 배움이 더뎌 학업성취가 이루어지지 않는다. 지능이 낮고 교과 전반에 걸쳐 낮은 성취를 보이므로 학습부진과 다르며, 어느 한 영역에서만 학업성취가 낮은 학습장애와도 다르다. 언어능력, 공간능력, 대인관계 및 정서 등 대부분의 영역에서 발달이 느리다.

위에서 살펴봤듯이 다른 것과 혼동하기 쉽지만, 부진은 부진만의 특성이 있다.

학습부진의 원인은 다양하다

학습부진의 원인은 학생의 성격과 지능을 포함하여 학습장애, 주의력결핍, 공부에 대한 가치관, 공부 습관, 교우 관계, 가정환경 등 학업부터 학업 이외의 것까지 광범위하게 생각할 수 있다.

:: 공부 습관

어떤 식으로 공부해야 하는지 모르고 있거나 공부를 경험해본 적이 없는 경우다. 공부하는 습관을 갖게 하고, 단기 목표로 계획을 세우고 지켜가는 식의 학습 전략을 지도하면 극복할 수 있다. 그러나 공부하는 것이 습관이 되기까지 걸리는 시간이 있기 때문에 교사가 끈기를 갖고 지도해야만 한다.

:: 가정환경

학습을 잘 할 가능성은 많지만 가정에서 적절한 지도와 보살핌이 주어지지 않았기 때문에 생긴 부진이다. 이런 학생들은 교실에서 다른 아이들보다 좀 더 세심하고 따뜻하게 보살펴야 한다. 부모가 돌보지 않고 오랜 시간 방치해둔 경우 아이들은 학습이 아닌 사랑에 더 굶주린다. 이런 학생들은 따뜻하게 돌보고 사랑해주는 것이 먼저이며, 꾸준히 누군가가 관심을 갖고 보살펴주어야 부진도 극복할 수 있다. 이런 학생들은 교사가 애정을 갖고 다가가면 학습에 흥미를 붙이고 부진도 함께 극복하는 경우가 많다.

:: 교우관계

"전에는 공부를 잘 하던 애였는데, 고학년에 올라가더니 친구들과 노는 것에만 팔려 있어요"라고 학부모가 찾아오는 경우다. 이런 학생들은 다른 무엇보다 친구들과 어울려 지내는 것에만 관심이 있기 때문에 이 아이가 속해 있는 또래 집단 전체를 함께 아우르지 않는 이상 해결이 어렵다.

이때 아이는 가장 큰 가치가 학습이 아니라 친구이므로 부진한 것에 대해서도 크게 신경을 쓰지 않는 편이다. 이런 학생의 마음을 이해하고 교우 관계가 왜 그렇게까지 중요해졌는지 그 원인을 파악하는 것이 먼저고, 꾸준한 상담을 통해서 학생이 학습에 관심을 돌릴 때까지 교사가 기다려주어야 한다.

:: 공부에 대한 가치관 부재

공부를 왜 해야 하는지 모르고, 학습에 관심이 전혀 없는 경우다. 더 정확하게는 학습포기라고 하는 게 맞겠다. 부모가 아이에게 전혀 관심이 없이 방치한 상태로 자라고, 학교에서도 관심을 가져주는 사람이 없으면 학습에 곧 흥미를 잃고 결국에는 부모 세대의 가난을 답습하게 되는 아이들이 이런 경우에 해당한다. 여러 부진 중에서도 가장 안타깝고 슬픈 경우다.

이런 아이들은 공부를 잘 했으면 좋겠다고 막연하게 생각은 하지만 별 고민 없이 하루를 보낸다. 이런 아이들에게 필요한 것은 공부를 왜 해야 하는가보다 꿈을 갖는 것이 얼마나 가치 있는 것인지를 가르쳐주는 게 우선이며, 꿈을 이루기 위해서 공부를 해야 한다는 것을 느끼게 하는 것은 그 다음이다.

"네가 다른 친구보다 잘 하는 게 있어. 너는 가치 있는 사람이야"라고 자꾸 말해주어야 한다. 물론 공부도 중요하지만 더 나은 삶을 살고 싶어 하는 마음 자체를 포기해버리는 아이들이 이 마지막 사례에서 가장 많이 나오기 때문에 어려운 환경에서도 끝까지 포기하지 않고 노력하여 성공한 위대한 인물에 대한 이야기를 들려주고 꿈을 가질 수 있도록 끝없이 지도해야 한다.

:: 스트레스

잘 해오다가 갑자기 학습에 흥미를 잃고 성적이 곤두박질치는 경우도 있다. 주로 사춘기에 접어든 고학년 학생들에게 나타나는 모습이지만 요즘은 저학년 학생들 가운데서도 지나친 사교육 등으로 학습에 일찌감치 흥미를 잃는 아이들도 많다. 이럴 때 학부모는 아이가 다니던 학원을 바꾸면서 더 많은 공부를 강요하지만, 정작 학생 본인은 공부라면 넌덜머리가 난다고 생각하기 때문에 쉽게 나아지지 않는다. 부모의 지나친 교육열과 높은 기대가 아이를 오히려 공부에서 멀어지게 하기 때문에 학부모와의 진지한 상담이 필요하다. 학부모에게 아이의 상태를 설명하고, 아이에게서 학업에 대한 지나친 부담과 스트레스를 덜어줄 수 있도록 협조를 구하는 게 좋다.

:: 학습된 무기력

심리적인 것이 부진의 원인인 경우, 무기력이 학습되어 있을 때가 많다. 무엇을 해도 잘못한다는 생각이 강하기 때문에 좀처럼 자신감을 갖지 않으려 학생 자신이 마음의 문을 먼저 닫아둔다. 이런 아이들은 평소에 잘하는 것을 눈여겨 두었다가 크게 칭찬하여 계속 용기를 내도록 북돋는 것이 좋다. 잘하는 것이 하나라도 눈에 띌 때 바로 그 자리에서 칭찬하고, 이 칭찬을 시작으로 다른 일에도 흥미를 갖고 노력할 수 있게 격려해주어야 한다.

학습부진, ADHD가 원인인 경우도 있다

저학년에서부터 꾸준히 모든 과목에서 심각한 부진을 보여 온 경우는 지능이 낮은 경우가 많다. 지능이 낮아서 아무리 해도 학습을 따라갈 수 없는 경우는 학습지진(遲進)이라고 봐야 한다. 학습지진은 의사의 도움으로 정확한 진단을 받기 전까지는 명확하게 구분하기 어렵기 때문에 교사 입장에서는 답답할 수밖에 없다.

대체로 지능이 낮은 학생들은 대근육과 소근육 발달이 지연되고, 다른 학생과 정서상 공감과 교류가 어렵기 때문에 사회성도 떨어진다. 또한 언어장애, 학습장애가 동반된 경우가 많아 전문적인 교육과 치료가 뒤따라야 하므로 심각하게 학업 수준이 떨어지면서 이런 징후를 보이는 학생이라면 유심히 살펴서 학부모와의 상담을 시도해야 한다.

그 밖에도 ADHD(Attention Deficit Hyperactivity Disorder, 주의력결핍과잉행동장애)와 같이 산만함이 원인이 되어 부진학생이 되는 경우도 있다. 그나마 눈에 띄게 산만하여 ADHD인 것이 일찍 발견되면 조치를 취하지만 조용한 ADHD(산만하기보다는 주의력이 떨어지는 경우)는 교사가 눈치 채지 못할 때가 많다.

학업 성취도가 떨어지면서 수업 중 딴 생각에 자주 빠져 있거나 모둠 활동과 과제 수행을 할 때 지나치게 느린 경우 의심해볼 수 있다. 교육과학기술부의 학생건강실태검사(2009~2011) 결과에 다르면, 전체 학생 900만 명 중 13.5%가 ADHD를 비롯하여 우울과 품행 장애에 따른 질환이 의심된다고 한다.

그러나 우리나라 국민의 정서상 자녀들에게서 이런 징후가 의심된다고 해도 정신건강의학과 의사와 면담을 꺼려하는 경우가 많기 때문에 학생들은 전문적인 치료는커녕 상담도 제대로 받지 못하는 경우가 많다. 밝혀진 ADHD 학생들 중에서도 실제로는 1/10 정도만 치료를 받는다는 대한소아청소년정신건강의학회의 통계 결과를 보면 우리가 알고 있는 것 이상으로 많은 학생들이 ADHD로 인해 학습에 문제가 있는 것으로 봐야 할 것이다.

학교 학습을 할 수 있는 기본적인 지적 능력과 신체 능력을 갖춘 학생이라면 학습부진이 한 순간에 찾아오지는 않는다. 학습부진은 오랜 시간에 걸쳐 쌓여온 것이고, 이것을 극복하기 위해서는 그만큼의 시간과 노력이 반드시 필요하다. 임계점에 다다를 때까지의 꾸준한 노력을 학생이 할 수 있도록 돕는 것이 관건이다.

레인보우 브릿지 기법이 학습부진을 해결한다

2

나이아가라 폭포에는 레인보우 브릿지(Rainbow Bridge)라고 하는 다리가 있다. 폭포 사이에 놓은 다리이므로 사람들은 모두 레인보우 브릿지를 어떻게 놓을 수 있었을지 궁금해 한다.

이 다리를 놓은 방법은 간단하다. 처음에 폭포 양쪽 끝에서 연을 띄워 연줄을 서로 연결했다. 그 다음은 연줄이 끊어지지 않을 정도의 아주 가느다란 철사를 연결했다. 다음에는 가느다란 철사에 조금 굵은 철사를 연결했다. 그리고 그 다음은 조금 더 굵은 철사를 연결하고, 그 다음은 더 굵은 철사를 연결했다. 이 같은 과정을 끝없이 반복해서 결국 다리를 놓았다. 불가능할 것으로 보였던 폭포 사이의 다리는 바로 이렇게 해서 놓인 것이다.

학습부진은 바로 이렇게 작은 목표를 나누어서 끝없이 도전하는 방법으로 해결할 수 있다. 수업에서는 학생의 이해를 돕는 다양한 교수·학습 전략을 사용하고, 수업 마무리 단계에서는 1:1로 학생의 이해를 확인하는

▲ 나이아가라 폭포의 레인보우 브릿지 전경

것이다.

학습부진은 교사와 학생 모두에게 힘든 것만은 사실이다. 그러나 폭포 사이에 연줄로 시작해서 다리를 놓았듯이 작은 성취가 모여 커다란 성취를 이룬다는 것을 기억하고 끝없이 도전하기 바란다.

학습부진의 원인에 따른 해결방법은 어떤 것들이 있을까요?

학습부진은 원인에 따라 접근 방법을 달리해야 한다. 앞에서 살펴본 것과 같이 그 원인이 다양하므로 먼저 교사가 학습부진의 원인을 파악하고 그에 맞게 대책을 세우는 것이 중요하다. 사실 학급에 부진학생이 한 명만 있어도 수업을 할 때 그 학생에 대해 신경을 쓸 수밖에 없고, 이런 학생이 여럿이라면 그 학급에서 수업하는 교사는 무척 힘들 것이다. 실제로 새내기 교사들과 인터뷰 과정에서 이 부분을 고민하는 교사들이 매우 많았다.

학생수가 10명 남짓한 소인수 학급에서는 개별화 학습이 가능하기 때문에 부진학생이 없을 것 같지만 현실은 그렇지 않다. 부진학생은 어느 학급에나 있고, 그 지도는 경력이 많은 교사에게도 쉽지 않다. 어쩌면 이것은 가르치는 모든 이의 고민이라고도 할 수 있을 것이다.

그렇지만 공부를 못 하는 아이는 없다. 공부를 안 해봤거나 속도가 느릴 뿐이다. 방법을 모르는 아이에게는 방법을 가르쳐주고, 목표가 없는 아이에게는 목표를 갖도록 해주고, 느린 아이는 조금 더 기다려주어야 한다. 학습부진의 원인에 따라 달리해야 하지만 기본적으로 단기 목표를 세우고 그 목표를 성취해가게 하는 것과 어느 수준에 다다를 때까지는 끈질긴 반복학습을 해야 한다는 것만은 부진학생을 위한 공통된 지도 방법이다.

부진학생은 대부분 자존감이 떨어진다. 자신감이 없으니 수업에 대한 흥미가 떨어지고, 새로운 걸 알고 싶은 마음도 없다. 다른 아이들보다 학습 속도가 느리니 교사에게 타박을 들을 때도 많다. 이런 악순환이 이어지면 완전한 부진으로 굳어지고 좀처럼 성과를 보기 어렵게 된다.

교사가 어떤 식으로 접근하고, 얼마나 시간과 노력을 기울이냐에 따라 학생의 부진은 구제되기도 하고, 더 심각해지기도 한다. 수업 시간에 학생을 그냥 내버려두는 것만으로도 부진은 심각해지고, 부진학생을 돕기 위해 모둠을 새로 조직하는 것만으로도 아이에게는 긍정적 영향을 줄 수 있다. 적어도 기본적으로 학습을 해나갈 수 있는 능력을 가진 학생이라면 배움을 통해 느려도 조금씩 성장하기 마련이다.

학습이 부진한 ADHD 학생을 교사가 어떻게 도울 수 있을까요?

이탈리아에서 수업참관을 했을 때(2013년 겨울, 교육부 주관 창의·인성유공교원해외연수) ADHD 학생을 위해 보조교사가 배치되어 있는 것을 보았다. 이 학생을 위한 책상이 교실 뒤편에 하나 더 있고, 보조교사가 수업을 도와주고 있었다. 다른 친구의 수업을 방해하고 본인의 학습에 있어서도 자주 다른 일에 빠져드는 ADHD 학생을 위한 일종의 배려였다.

ADHD 학생은 과제를 작게 쪼개주어야 한다. 정상적인 아이들은 과제를 제시하면 과제를 이해하고 수행하기 위해 계획을 세우지만, ADHD 학생들은 계획을 세우거나 앞일을 예측하는 것이 상대적으로 어렵다. 게다가 다른 아이들보다 빨리 산만해지고 오래 집중하지 못한다. 이런 아이들을 위해서는 교사가 따로 세부적으로 단계를 나누어 작게 과제를 제시해야 한다. 그러므로 교사와 가장 가까운 곳에 학생을 앉혀 수업 중에도 교사가 최대한 자주 학생의 과제 수행 정도를 체크해야 한다.

예를 들어, 수학 시간에 익힘책 문제를 풀 때도 다른 아이들이 한 쪽 문제 전체를 풀고 함께 답을 확인한다면 ADHD 학생은 두 개 풀고 체크, 두 개 풀고 체크하는 식으로 접근해야 한다. 이 때 체크는 옆 짝이 할 수도 있고, 모둠원 중 속도가 빠른 친구가 할 수도 있고, 교사가 할 수도 있다.

중요한 것은 이런 식으로 도움을 줄 수 있는 사람이 ADHD 학생 곁에 항상 있어야 한다는 것이다. 소인수 학급에서라면 교사가 학생을 직접 지도하고 도울 수 있겠지만 그렇지 않고 교사가 직접 지도할 수 없는 상황에서도 학생의 학습을 확인하고 도울 수 있는 짝이 필요하다.

또한 자주 흐트러지는 주의를 최대한 오래 갈 수 있게 하기 위해 학생 주변의 산만해질 수 있는 모든 원인을 제거해야 한다. 손으로 만지작거릴 물건은 책상에 아예 올려놓지 않게 하고, 수업에 필요한 물건 이외는 아무 것도 두지 않아야 한다.

특정 과목에서만 부진한 경우는 어떻게 지도해야 할까요?

특정 과목에서만 부진한 경우에는 교사가 얼마나 노력하느냐에 따라 성과가 달라진다. 과목의 성격에 따라 달라지므로 이런 경우는 어떤 과목 이냐에 따라 방법을 달리한다. 짧은 시간에도 성과를 보여주므로 다소 힘들더라도 보람 있을 것이다. 특정 과목 부진학생을 지도하기 위해서는 다음과 같은 노력이 필요하다.

첫째, 목표를 작게 쪼개어 할 수 있다는 성취감을 맛보게 한다.

자존감이 떨어지고 학습의욕이 낮은 부진학생들에게는 작은 목표를 꾸준히 달성해가는 과정을 통해서 학습의 성취감을 맛보게 해야 한다. 누구든지 노력하면 공부를 잘 할 수 있다는 것을 아이들이 깨닫는 것은 쉬운 일이 아니다. 특히 학습 의욕과 성취가 낮은 학생들은 더욱 그러하므로 학생들에게 작은 단계로 목표를 나누어 미션을 수행하듯 성취감을 맛보게 한다.

둘째, 처음으로 되돌아가기 식의 반복학습을 한다.

수학뿐 아니라 사회를 못하는 학생의 경우에도 가장 좋은 방법이다. 암기가 안 되는 학생은 반복학습이 부족해서다. 이런 경우 첫날은 1쪽부터 5쪽까지, 둘째 날은 1쪽부터 8쪽까지, 셋째날은 1쪽부터 10쪽까지 공부하게 한다. 이렇게 꾸준히 반복하면 앞부분이 자연스럽게 외워지게 된다. 암기 능력의 부족은 반복으로 이겨낼 수 있다.

셋째, 처음부터 높은 성취를 기대하지 않아야 한다.

부진학생을 지도하다 보면 어느 정도 욕심이 생기기 마련이다. 100을 가르쳤으면 100을 해낼 것으로 기대하기 때문에 사실 교사가 먼저 지치게 되는 것이 부진학생 지도에서의 가장 큰 어려움이다. 그러나 부진학생의 지도에 있어서는 높은 성취를 기대하지 않아야 끝까지 포기하지 않을 수 있다. 자칫 기대치를 높게 잡고 있으면 "내가 이만큼 지도했으니까 넌 이만큼 해내야 맞다"하고 아이에게 학습을 강요하게 된다. 부진학생의 속도는 일반 학생과 다르다고 생각하고 충분히 기다릴 수 있어야 한다.

넷째, 교재는 늘 교과서가 기본이다.

교과서는 학습의 가장 기본이다. 기본을 철저하게 반복하는 것이 부진학생의 지도에서는 가장 중요하므로 부교재보다는 교과서의 내용을 이해하는 것에 초점을 두고 지도해야 한다. 교과서 내용을 80% 이해하는 것을 목표로 하고, 학생 수준이 정말로 심각하게 낮을 경우는 60% 이해를 목표로 지도한다. 만약 교과서의 단원 평가에서 목표치에 도달하지 못한 경우 단원의 앞으로 돌아가 다시 가르친다.

부진학생의 지도가 어려운 이유는 이런 저런 많은 이유들이 있으나, 사실 "너무나 힘들다"는 것이 가장 큰 문제일 것이다. 해야 할 다른 일이 많은데도, 이 아이에게 더 신경 써야 하니 교사에겐 부담일 수밖에 없고,

해도 해도 쉽사리 늘지 않으니 지칠 수밖에 없다.

그럼에도 불구하고 우리가 부진학생을 지도하기 위해 마음을 다시 다잡아야 하는 이유는 그 대상이 초등학생이기 때문이다. 초등학교에서 기본 교육조차 제대로 이수하지 못한다면 그 아이는 다른 아이들과 출발선이 다를 수밖에 없다. 다른 아이들보다 배움의 속도가 느린 이 아이들에게 최소한의 희망을 주는 것이 부진학생 지도라고 생각하고 꾸준히 도전하기 바란다.

과목별로 부진학생을 지도하는 구체적인 방법을 알려주세요.

국어 부진학생 지도하기

국어 실력은 어휘에서 결정된다. 물론 새로운 단어를 습득하는 가장 좋은 방법은 독서다. 그러나 동화책을 읽어서 국어 부진을 해결하고자 한 다면 그것은 너무 오랜 시간이 필요하므로 평소에 다른 학생들보다 좀 더 신경 써서 부진학생의 독서를 지도하되, 실제 국어 점수가 심각하게 부진 한 경우는 교과서를 위주로 다시 지도해야 한다.

먼저 교과서를 소리 내어 읽게 하고, 더듬거리는 부분은 베껴 쓰게 한 다. 교과서를 읽어보게 했을 때 더듬거리는 학생은 이미 문장 해독력은 더 떨어진다. 단어가 낯설기 때문에 더듬거리면서 읽는 것이고, 이 때문에 문제를 제대로 이해하지 못하여 평가에서는 점수가 더 낮게 나온다. 소리 내서 읽는 것이 자연스러워질 때까지 길지 않은 같은 글을 반복해서 읽게 하고, 틀리지 않고 읽게 되면 다른 글에 도전하게 한다. 이때 몇 번이고 반복해서 읽으면서 모르는 단어는 체크해서 교사에게 물어보게 하고, 짧은 글짓기를 통해 익힌 단어를 응용해보게 한다.

만약 부진이 심각한 상태면 이런 방법으로 1학년 읽기 교과서부터 지도하는 것이 가장 좋고, 그 정도로 심각하지 않으면 전 학년도 읽기 교과서부터 시작한다.

국어과 부진학생을 위한 단계별 지도방법

1단계 : 교과서를 소리 내 읽는다.

소리 내서 정확하고 자연스럽게 읽기에 초점을 두는 단계다. 일정 분량을 정해놓고 교사나 학부모가 듣는 데서 교과서를 읽고 읽은 만큼 스티커를 붙여주는 식으로 매일 체크한다. 분량은 15~20분 정도가 적당한데, 상대적으로 집중력이 짧은 부진학생들은 그보다 읽는 시간이 길어지면 이미 주의력이 흐트러지기 때문에 최대 20분을 넘지 않도록 한다.

2단계 : 읽은 내용 중 일부를 받아쓴다.

베껴 쓰거나 받아쓰는 단계다. 맞춤법과 글씨를 중점적으로 지도하는 단계로 국어 부진학생 대부분은 맞춤법 역시 엉망이다. 단어 위주로 쓰다가 실력이 조금이라도 늘면 짧은 문장을 쓰게 하는데, 3학년 이상이라면 짧은 문장이라도 하루에 5문장 정도는 받아쓰기를 하여 문장을 정확하게 쓰는 훈련을 해야 한다. (단, 1~2학년은 읽기가 되는 학생이면 서서히 쓰기도 좋아지는 경우도 많다.)

3단계 : 한글은 조형원리상 글자와 읽는 소리가 같다. 따라서 자신이 쓴 글과 소리 내어 읽는 것이 같아야 함을 가르쳐준다.

본인이 쓴 글을 읽어보게 하는 단계다. 이 훈련이 특히 중요한 이유는 우리 한글은 소리 나는 대로 글을 쓰게 되어 있는 매우 쉬운 글자이기 때문이다. 이는 훈민정음해례본에서 "아무리 우매한 자라도 열흘이면 원리를 깨우칠 수 있다"라고 이미 500여 년 전에 세종대왕이 설명했다. 한글의 조형 원리를 설명하는 것이 학습부진에 무슨 도움이 될까? 하고 생각할 수 있겠지만 당연히 아이들도 이런 원리를 깨우치면 한글을 정확하게 배울 수 있다.

한글은 정확하고 쉬운 글자다. 한 소리에 한 글자씩 적는 글자이고, 소리 나는 모든 것을 말과 일치하게 적을 수 있는 과학적인 문자이기 때문에, 아이들에게 이러한 원리를 설명하면서 한글은 소리 나는 대로 쓰되 규칙을 지키면 된다는 것을 지도한다.

예를 들어, "잃다"는 [일타]로 소리 내는 것이 겹받침의 원리에 맞다. "집으로"는 [지브로]로 소리 난다. "집"뒤에 오는 "으"가 반모음이므로 앞의 "ㅂ"이 뒤로 가 [지브로]가 되는 것이라는 원리를 설명해주는 것이다.

이렇듯 읽을 때 바르게 소리 내야 하며, 이를 위해서는 학생들이 헷갈리기 쉬운 반모음의 소리내기 방법과 받침이 두 개인 경우의 소리내기 과정에 대해 설명해주고 충분히 지도해야 한다.

이런 원리를 설명해주고 같은 원리의 단어들을 반복해서 읽어보게 한다. 학생들이 무의식적으로 사용해온 말이지만, 정확한 원리를 알고 나면 말과 글의 관계를 좀 더 직관적으로 이해할 수 있게 된다.

4단계 : 배운 문장으로 짧은 글짓기를 하게 한다.

짧은 문장으로 문장을 지어보게 한다. 즉, 국어 부진은 소리내기, 읽기, 문장 짓기 3단계로 지도하는데, 마지막 문장 짓기는 익힌 단어와 문장을 내 것으로 만드는 가장 중요한 단계다. 앞의 1, 2단계가 읽기와 소리내기면 3단계는 응용단계라고 할 수 있다.

익힌 단어가 언제 어떤 식으로 쓰이는지 학생 스스로 익히는 단계이므로 혹시라도 이 단계를 어려워한다면 책에 나오는 문장을 베껴 쓰고, 주어와 술어를 바꿔 써보게 하는 식으로 바꾸어 지도한다.

역사가 자신 없는 어린이 지도하기

간혹 역사만 특히 못하는 학생도 있다. 특히 역사가 등장하는 5학년에서 그렇다. 아이들에게 물어보면 외워야 할 것이 너무 많아서 그렇다고 하지만, 사실 전체적인 흐름과 사건의 핵심이 되는 개념어들을 이해하지 못하면 학습부진이 되기 쉽다. 이런 아이들에게는 교과서에 나오는 개념어를 하나씩 제 손으로 정리해가도록 한다.

공책에 가로로 연대표를 그리고 그 아래에 자기 손으로 정리한 교과서 속 핵심어들을 정리해가는 방법을 가르치면 역사의 전반적인 흐름을 이해하는 데도 도움이 될 뿐 아니라 핵심 사건과 단어들을 익히는 데도 좋다.

사회 시간에는 칠판에 가로로 길게 막대그래프를 하나 그려놓고, 그위에 학생들과 같이 수업 시간에 다룰 핵심 사건을 기록한다. 관련한 사건의 내용과 관련된 주요 인물이나 사건 내용을 세로로 적어가고, 추가로 보충해야 하는 내용은 네모 박스로 따로 표시한다.

● 임진왜란-이순신의 업적 ●

1592	1592	1594	1597	1598
임진왜란	옥포해전	당항포해전	정유재란	노량 해전

당포해전
사천해전
*한산도대첩
부산포

왜군의 재침입
*명량해전

왜군 200척 전멸
이순신 전사

*한산도대첩
① 대첩 : 우리가 크게 이긴 싸움
⊗ 임진왜란 3대 대첩 중 하나(행주, 진주, 한산도)
⊗ 학익진 : 학의 날개 모양으로 배치

*명량해전
⊗ 12 vs 133
⊗ 세계 3대 해전 중 하나가 된 이유

에빙하우스의 망각이론에 따르면 학습하고 나서 10분이 지나면 망각이 시작되고, 1시간이 지나면 70% 가량을 잊어버리게 되고, 한 달 후에는 약 80% 이상을 잊게 된다고 한다. 이에 에빙하우스는 이러한 망각의 특성상 오랫동안 기억을 지속시키기 위해서는 복습만이 가장 효과적인 학습 방법이라고 했다.

즉, 암기는 결국 반복으로만 해결할 수 있으며 되풀이하여 학습하되 기억의 주기를 역이용해야 한다. 따라서 잊어버릴 즈음 다시 외우고, 또 잊어버릴 즈음 다시 외워야 한다.

반복은 암기를 돕는 가장 좋은 방법이므로 첫째 날 1쪽부터 5쪽까지 공부하고, 둘째 날 1쪽부터 10쪽까지, 그 다음날은 1쪽부터 15쪽까지 공부하는 식으로 앞서 공부한 내용을 포함하여 공부하는 방법으로 해야 앞부분을 뒷부분에서 잊어버리지 않게 된다. 평소 수업을 할 때도 이런 부분을 염두에 두고 수업을 시작할 때 앞 시간에 배운 내용을 복습하는 시간을 갖는다.

역사가 자신 없는 경우는 무조건적인 암기보다는 시간적인 흐름을 염두에 두고 통째로 이해할 수 있을 정도로 훑어보듯이 꾸준히 읽는 것이 중요하고, 특히 재미있는 역사 인물 이야기나 책을 통해 역사에 흥미를 잃지 않도록 하는 것 역시 중요하다.

수학 부진 어떻게 해결하죠?

수학은 기초 연산이 문제가 되는 경우가 가장 많다. 연산이 안 되는 학생은 『기적의 계산법』과 같은 사칙연산 책을 집중적으로 매일 일정량 풀게 한다. 연산에 걸리는 시간을 단축시키고, 실수를 줄이기 위해서는 직관적으로 풀 수 있을 정도로 꾸준한 반복이 필요하다.

진단을 통해 수, 도형, 연산, 측정, 통계, 문제해결 등과 같은 다양한 수학과 영역에서 어느 부분이 미흡한지 확인하여 전 학년도의 수학 교과서의 같은 영역부터 다시 지도한다.

수학은 자신 없는 부분은 무조건 해당 영역의 맨 처음으로 돌아간다 생각하고 가르쳐야 한다. 교과서 문제의 80% 이상을 해결하지 못하면 단원 처음부터 다시 지도한다. 목표 점수 80점을 맞는 것을 원칙으로 하고 지도해야 부진을 구제할 수 있기 때문이다.

중학년 이상에서 기본 연산이 안 되는 학생들은 구구단이 문제인 경우가 많다. 학생을 조용히 불러서 7단이나 8단을 외워보게 하고, 안 되면 한 단씩 내려서 어디부터 모르고 있는지 체크한다. 체크가 정확하게 끝난 다음에는 저학년 교과서부터 다시 가르친다. 처음엔 저학년 교과서를 전부 새로 가르친다고 생각하니 오래 걸릴 것 같지만 이미 한 번 배운 내용이기 때문에 생각보다 진도가 쉽게 나간다. 이때 교과서 예시 문제만 풀게 하고, 틀린 문제는 공책에 다시 풀게 한다.

특히 단원마다 평가를 통해 학생의 이해 정도를 파악해 두어야 부진이 쌓이는 것을 막을 수 있다. 단원평가에서 80점 이하인 학생은 재시험을 보게 하고, 재시험에서 통과하지 못한 학생들은 개별적으로 지도한 후 같은 문제를 다시 풀게 하는 식으로 반복하여 지도한다.

수학, 5점 맞던 아이도
90점 맞을 수 있다

5학년을 가르칠 때다. 다른 과목도 대체로 부진했지만 특히 수학 점수가 심하게 낮았던 아이가 둘 있었다. 학기 초 진단평가에서 한 아이는 5점, 한 아이는 15점을 맞았다. 그 때 반 평균은 80점을 넘고 있었다. 진지하게 체크해보았다. 나눗셈이 문제인가 했더니 곱셈이 문제였고, 곱셈이 문제인가 했더니 하나는 구구단을 2단까지만, 하나는 3단까지만 간신히 외우고 있었다.

사실 부진학생을 시노할 때 교사의 의지보다 중요한 것이 학생의 배우고자 하는 의지다. 배우고 싶어 하는 마음이 없다면 오래 가지 못하고 포기하고 만다. 그래서 아이들에게 먼저 물었다.

"너희들이 도와달라고 하면 도와줄 거야. 선생님은 너희들을 돕기 위해 있는 사람이니까. 그런데 앞으로도 이렇게 5점이나 15점을 맞는 걸로 만족하겠다면 그냥 두고 싶어. 만약 선생님하고 공부하겠다면 선생님이 최선을 다해 도와줄게. 그때부턴 정말 열심히 해야 돼. 중간에 포기하거나 그만두지 않는다는 조건으로 시작하는 거야"

한 아이는 한참 생각하더니 5점은 좀 그렇고 앞으로 50점만 맞아도 좋겠다고 말했고, 다른 아이는 그 옆의 아이보다 잘하기만 하면 된다고 했다. 아이들 눈빛이 많은 걸 이야기하고 있었다. 아이들이 원하는 것은 50점이 아니었다. 이 아이들은 "넌 공부를 못해"라는 말에서 벗어나고 싶어했다. 나는 1년을 이 아이들에게 걸어보기로 마음먹었다.

가장 먼저 수학 교과서를 얻어오게 했다. 처음 몇 교실에서 교과서를 얻지 못하고 돌아오는 아이들에게 그 정도 수고도 하지 않고 저절로 얻어지는 것은 없다고 단호히 말했다. 그리고 몰래 다른 학년 선생님들에게 전화를 해서 아이들이 찾아가면 수학 교과서를 주도록 부탁했다. 모든 선생님들이 기꺼이 깨끗한 수학 교과서를 주셨고, 내가 부탁한 대로 열심히 공부하라는 격려도 함께 곁들여주었다.

그렇게 해서 2학년 2학기 수학교과서부터 다시 가르쳤다. 외우는 것을 해본 적이 없는 아이는 외우는 것도 힘들어했다. 2단에서 9단까지 완벽하게 외우는 데 두 아이 모두 3주 이상 걸렸다. 3단이나 4단에서 조금이라도 더듬거리면 2단으로 다시 돌아가고를 수도 없이 반복했다.

공부란 원래 하는 사람이 잘 하게 되어 있다. 일단 공부하기 시작하면 두뇌가 깨어서 움직이기 때문이다. 머리를 쓰지 않고 내버려두기만 했다면 공부를 위해 뇌를 깨워 준비하는 시간이 필요하다. 아이들은 3주 이상 구구단만 외우면서 워밍업의 시간을 가졌다.

구구단을 외운 다음부터는 오로지 교과서만 가지고 지도했고 한 단원을 가르친 다음, 단원평가에서 80점을 넘지 못하면 교과서를 다시 풀게 했다. 일주일에 세 번은 아이들과 같이 공부했고, 하루 학습 분량은 아이들의 학습 수준을 고려하여 한 번에 최대 30분을 넘지 않게 했다.

처음에는 공부하는 습관을 갖는 것에 목표를 두고 같은 시간에 앉아있는 것만 했다. 습관이 되어 자연스럽게 월, 수, 금은 공부하는 날로 인식하게 되었을 때부터는 공부에 대한 자신감을 주기 위해서 일주일의 첫 지도 시간에 아이들이 해내야 할 학습목표에 대해 설명해주었다.

"이번 주에 우리가 할 분량이야. 네가 오늘 할 분량은 여기부터 여기까지인데, 시간은 40분 정도 생각하고 있어. 선생님은 네가 할 수 있을 거라고 믿어"

목표를 달성했을 땐 아낌없이 칭찬해주었고, 평소 수업 시간에도 주의를 집중하는 척만 해도 기뻐해주었다. 나와 공부 시간을 맞추기 어려울 때는 과제로 제시하기도 했지만 과제를 잘 해오는 아이들도 아니었고, 진도가 쉽사리 나가지 않아서 애먹는 날도 많았다. 그래도 분명한 건 매일 조금씩 아이들이 나아지고 있다는 것이었다.

3학년의 삼각형과 각에 대해 이해하게 되었던 날, "거봐, 너희들도 얼마든지 할 수 있잖아"라고 아무렇지 않게 말했지만, 진심으로 기뻤다. 그것이 시작이 될 수 있을 것이라 믿었고 정말로 거기서부터 시작이었다.

그렇게 2~5학년까지 이르는 모든 수학 교과서로 씨름한 결과, 학년말 시험에서 한 아이는 85점, 한 아이는 90점을 맞았다. 무려 1년을 투자한 보람을 느낀 순간이었다. 아이들은 몹시 행복해했고, 나 역시 진심으로 기뻤다.

아이들에게 투자하는 시간은 그만큼의 보람으로 돌아온다. 다소 힘들고 지루한 과정이겠지만 그만한 보답이 반드시 있는 것이 부진아 지도다. 쉬운 길이 아닌 먼 길로 돌아간다 생각하고 도전해보길 바란다.

부진을 벗어나게 하는
기적의 모멘텀을 찾아라

모멘텀(Momentum)은 운동량, 탄력, 여세, 계기를 뜻하는 단어다. 주식분야에서는 정부 정책 등으로 거래량이 갑자기 증가할 때처럼 변화가 일어나는 때를 말한다. 또 심리학에서는 행동 변화를 일으키는 계기를 말하는데, 이를 활용한 행동 수정 기법을 행동 모멘텀 기법이라고 한다.

자동차의 왕이라고 불린 헨리 포드(Henry Ford)는 '우리가 그것을 작은 일로 나눈다면 어떤 것도 특별히 어렵지는 않다'라고 말했다. 목표를 도달하기 위한 가장 좋은 방법은 목표를 잘게 쪼개는 것이다. 짧은 기간 달성할 수 있는 목표, 중기간 달성할 목표, 장기간 달성할 목표로 나누어 접근하면 어떤 것도 해결하지 못하는 과제는 없다.

부진학생을 지도하는 것은 한 계단 한 계단 오르는 것과 같다. 실력이 늘지 않고 정체돼 있는 것처럼 느껴지지만,

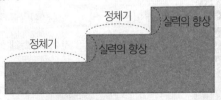

정체기 실력의 향상

정체기 실력의 향상

꾸준히 지도하다 보면 학생의 수준이 수직적으로 향상되는 것처럼 느껴지는 기적의 모멘텀이 찾아온다.

정상적인 학생이 하루 아침에 부진학생이 되진 않는다. 마찬가지로 부진학생이 몇 번 보충 지도를 받았다고 해서 학습부진에서 벗어날 수 있는 것도 아니다. 꾸준히 쌓인 것은 꾸준히 해결해가는 수밖에 없기 때문에 성취하고자 하는 목표를 쪼개고 나누어 꾸준한 지도를 하는 것이 최선의 방법이다.

이 때 학생들에게 필요한 것은 단기, 중기, 장기 학습계획이며 단기 계획은 일주일 단위로 세우고, 중기 계획은 월별로 세운다. 장기 계획은 학습부진이 해결될 것으로 기대하는 연말을 목표로 삼아야 한다. 또한 기존의 것을 복습하다가 현재의 공부를 놓쳐서는 안 되기 때문에 이때의 학습 계획에는 현재의 공부를 놓치지 않고 따라가는 것까지 염두에 두어야 한다.

먼저 셀프학습체크리스트를 만들어주고, 학생들에게 단기 계획으로 일주일 단위의 공부할 분량을 정하고 이를 실천한 것을 체크해보도록 한다. 중기 계획에 해당하는 월별 학습 계획은 교사와 함께 어느 부분까지 공부해야 할지 파악한 뒤 세우도록 한다. 끝으로 장기 계획은 교사가 세워야 한다. 이유는 학생을 지도하는 교사야말로 어느 부분까지 지도해야 하는지 가장 잘 알기 때문이다.

중요한 것은 매일 꾸준히, 일정 분량을 공부하는 것이다. 공부를 해본 적 없는 학생을 지도할 때는 일정 분량을 꾸준히 하는 습관을 갖도록 하는 것이 가장 첫 번째 목표라고 생각하고, 워밍업의 시간을 충분히 가져야 한다. 머리를 쓰는 것이 익숙해질 때까지는 워밍업이라고 생각하고, 쉽고 단순한 것부터 완벽하게 익히도록 한다. 수학 부진학생은 구구단을 외우게 하고, 국어 부진학생이라면 단어를 완벽하게 받아쓰기 할 수 있을 때까지 반복하게 한다.

분명한 것은 끝이 없어 보이지만 어느 순간 학생의 두뇌가 깨이는 순간이 온다는 것이다. 이 벽을 넘지 못하고 대부분은 포기해버리기 때문에 한번 부진한 과목에서 좀처럼 벗어나지 못한다.

학습부진이 넘기 어려운 벽인 것은 학생에게나 교사에게나 마찬가지다. 담쟁이 하나는 벽을 넘지 못한다. 그렇지만 담쟁이 수십 개가 모이면 벽을 넘는다. 학습부진의 벽을 넘기 위해 다양한 전략들을 응용해보고, 목표를 중단기 계획으로 나누어 지도해보기 바란다.

일주일 분량의 셀프학습 체크리스트

	내가 해야 할 일	공부한 시간	선생님 확인
월	구구단 8단 외우기	오후 4시 분 ~ 4시 20분	◎ ○ △
화	구구단 9단 외우기	시 분 ~ 시 분	◎ ○ △
수			◎ ○ △
목			◎ ○ △
금			◎ ○ △
반성	잊어버리지 말고 공부하기로 한 시간은 꼭 공부해야겠다.		

화내지 않고
부진학생을
가르치는
수업 전략 15

4

교사는 천사도 아니고 로봇도 아니다. 화나고 소리치고 싶고 울고 싶은 순간도 많다. 수업에 관심이 없고 아무리 가르쳐도 진전이 없는 학생에게 늘 웃으면서 지도하기란 어렵다. 게다가 학교에서 부진학생을 지도하는 것 말고도 교사가 처리해야 할 업무는 매일 쌓인다. 경험에 의하면 부진학생만 따로 지도하는 것이 가장 효과적이지만 더 좋은 것은 수업 시간에 해결하는 것이다. 교사가 쉽게 가르치고, 학생은 쉽게 이해할 수 있다면 그것이야말로 가장 좋은 부진학생 지도 방법이자 예방법이다. 그래서 평소 수업 시간에 부진학생을 포함한 모든 학생들에게 꾸준히 지도할 수 있는 다양한 학습 전략을 소개한다.

공부, 못 하는 게 아니라 안 하는 것이다

1. 친구가 읽을 때는 속으로 따라 읽게 한다.

속으로 따라 읽게 하는 것만큼 좋은 읽기 방법도 없다. 수업 시간에 정기적으로 돌아가면서 읽기를 시켜 어느 학생이 어느 정도의 읽기 수준인지 파악한다.

모든 읽기 활동에서 다른 친구가 읽고 있을 때는 속으로 따라 읽게 하고, 저학년이나 부진학생은 손가락으로 짚어가면서 읽게 한다. 손가락으로 짚어가면서 읽는 것은 아주 작은 행동이지만 다른 친구의 읽기 속도를 따라가기에 가장 좋은 방법이다.

2. 문장을 완전하게 말하는 습관을 갖게 한다.

문장을 완전하게 구사하는 것은 중요한 습관이다. 특히 주어와 술어의 구분이 명확해야 하며, 반복적인 어미는 사용하지 않도록 지도한다.

"제가요, 어제요, 집에 갔는데요"

이와 같은 문장을 구사하는 학생은 학습 수준 역시 높지 않다. 이 문장을 다시 정리해서 말하도록 교사가 반복해서 질문한다.

"어제 누가 집에 갔어?"("저요")

"정리해서 다시 말해볼까?"("제가 집에 갔어요")

"집에 언제 갔다고 했지?"("어제요")

"다시 정리해서 말해볼까?"("제가 어제 집에 갔어요")

저학년에서 쉽게 볼 수 있는 문장사용의 예다.

"어제 엄마가 맛있는 것 해줬다요"

'-다'는 평어문의 어미고, '-요'는 높임말에 사용하는 어미다. 이것을 함께 사용하는 것은 높임말과 평어의 구분이 제대로 되지 않는 어린 아이들에게서 자주 볼 수 있지만 말하기 지도가 잘 되지 않으면 초등학생들에게서도 심심치 않게 볼 수 있다. 그러나 완전한 문장으로 답하도록 하면 아이들의 문장 구사능력 역시 함께 향상된다. (이는 4부에 다시 설명하였다.)

3. 구체적인 숫자, 그림, 단어 등을 찾으면서 전략적으로 읽게 한다.

문장 안에서 단어 찾아보기, 숫자 찾아보기, 그림 찾기 등을 하게 한다. 이러한 전략적 읽기의 좋은 점은 학생들이 목적을 가지고 읽기 때문에 필요한 읽기 행위에 좀 더 집중할 수 있다는 것이다. 수업 시간에 필요한 핵심 단어에 ☆표시하기, 밑줄 긋기, 숫자 찾아가면서 읽기 등을 지도하고 중요하다고 생각되는 단어와 문장을 제대로 찾았는지 확인한다.

4. 그림이나 만화로 알게 된 내용을 정리하게 한다.

배운 내용을 정리할 때 연필과 색연필, 사인펜 등으로 여러 색을 사용하여 표시하게 하고, 그림이나 만화 같은 학생들이 좋아하는 방법을 선택하게 한다.

5. 수학 시간은 식과 풀이과정을 공책에 정리하도록 한다.

수학에서 쉽게 식을 세우는 방법을 가르쳐준다. 보통 식을 세우기 위해서 꼭 필요한 단어는 "모두", "몇", "얼마나 더"와 같은 단어들인데, 이 단어에 □를 표시하게 한 다음 식을 세우게 한다. 답은 반드시 단위까지 기록하게 하고 이 과정을 공책에 정리하게 한다.

[문제]

한 상자에 초콜렛이 3개 들어 있습니다. 이런 초콜렛 상자가 4상자 있으면 초콜렛은 모두 몇 개일까요?

수학시간에 어떤 문제든 식을 세워서 풀 때는 다음과 같이 중요 숫자와 단어에 □ 표시를 하게 한다. 그리고 □를 가지고 식을 세우게 하면 중요한 단어와 숫자만 남아 학생들이 식을 세울 때 훨씬 쉽다.

☞ 한 상자에 초콜렛이 3개 들어 있습니다. 이런 초콜렛 상자가 4상자 있으면 초콜렛은 모두 몇 개일까요? (색이 다르게 표시된 부분에 □표시를 하게 한 다음 식을 세우게 하고 답을 쓸 때는 단위인 '~개'까지 표현하도록 지도한다.)

6. 모눈에 푸는 사칙연산

사칙연산 문제를 모눈에 풀게 한다. 익숙해질 때까지 모눈에 연산 문제를 풀면 자리와 자릿수를 이해하는 데 효과가 매우 좋았다. 또한 받아올림이나 받아내림에서 반복되는 실수를 줄여주어 학생들이 사칙연산을 직관적으로 이해하는 데 큰 도움을 주었다.

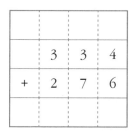

7. 다양한 교구를 조작할 때 학생들이 수업에 흥미를 갖고 참여한다.

부진학생들이 쉽게 조작할 수 있고 흥미를 높일 수 있는 다양한 수업 교구들을 교실에 구비한다. 도형 영역에서는 4D프레임 같은 교구를 활용하면 좋다. 또 마블러스 블록은 어느 학년에서나 학생들이 굉장히 좋아하는 창의성 신장 교구다. 이런 교구들은 그 수업에 활용하기 좋고 응용이 다양하다는 장점이 있는 대신 값이 비싸기 때문에 클립, 바둑알, 나무젓가락, 이쑤시개, 단추, 자석, 스티커처럼 주변에서 쉽게 찾을 수 있는 자료들을 평소에 구비해두고 활용하면 좋다.

8. 줄긋기, 단어에 색칠하기, 형광펜으로 표시하기, 4색 볼펜 사용하기와 같은 읽기 중의 작은 활동을 하게 하면 학생들이 덜 지루해한다.

부진학생들은 텍스트가 약간만 길어져도 집중력이 떨어진다. 그래서 텍스트가 길 때는 적당한 문단에서 나누어 이해를 확인하고 다시 텍스트를 읽는 것과 같은 호흡 가다듬기가 필요하며, 학생들이 재미있어할 다양한 읽기 활동을 하게 한다. 중요 단어 표시하기, 형광펜으로 핵심 개념 체크하기, 4색 볼펜을 사용하여 밑줄 긋기 같은 작은 활동만으로도 학생들은 덜 지루해한다.

9. 글씨를 잘 못 쓰는 학생이 있다면 자음은 작게, 모음은 길고 크게 쓰도록 한다.

교과서의 글씨체는 읽기에 가장 쉽고 썼을 때 가장 예쁜 글씨모양이다. 요즘 유행하는 손글씨처럼 글자 모양이 □인 것보다는 교과서 글씨체처럼 △, ◇, ▷, ◁ 등 으로 쓰는 것이 읽기에 좋다. 자음은 작게, 모음은 길고 크

게 쓰도록 하여 글자의 자형을 먼저 잡고, 연필로 힘을 주어 천천히 쓰게
한다.

10. 주변을 늘 깔끔하게 정리해서 책상 위의 물건이나 잡동사니로 주의가 흐트러지지 않도록 한다.

정리 정돈은 모든 학생에게 필요하나, 주의가 쉽게 흐트러지는 학습부
진학생들에게는 더욱 필요하다. 수업의 효율성을 높이기 위해 학생 주변이
깔끔해야 함은 물론이고, 특히 부진학생들이야말로 책상이 깔끔해야 한
다. 학생의 주의를 산만하게 하는 모든 물건은 책상 주변에서 치워둔다.

11. "공부는 재미있는 거야. 안다는 건 즐거운 일이지" 하고 자주 말한다.

내적 흥미와 동기를 유발하는 문장이다. 특히 아이를 무시하거나 의욕
을 꺾는 말을 함부로 하지 않아야 한다.

"그것도 못해?", "여태까지 못했던 이유를 알겠다", "그럴 줄 알았다"
같은 문장은 학생의 의욕을 꺾는다. 그 누구보다도 먼저 교사가 따뜻하고
친절하게 학생을 돕고자 하는 분위기를 마련해주어야 한다.

12. 배움짝이 체크한다.

부진학생 옆에 앉는 학생은 신중하게 고려해야 한다. 같이 산만해지기
쉬운 학생이나 장난을 칠 수 있는 학생보다는 꼼꼼하게 확인하고 공부를
도와줄 수 있는 학생이어야 한다. 하지만 이 배움짝에게 모든 책임을 지우
기보다는 어려운 부분을 도와주되, 스스로 해갈 수 있도록 교사가 함께 지
도하는 것이 좋다.

13. 스스로 공부할 학습 계획을 세우도록, 전작 『학급경영 멘토링』에서 소개한 것처럼 셀프학습체크리스트를 만들어준다.

학생들이 스스로 공부할 내용을 미리 계획세우고 이를 실천하게 하는 것처럼 자기주도학습능력을 기르는 것도 없다. 일반 학생들도 자기주도적인 학습능력을 기르는 것은 어려운 일이지만, 학습이 부진한 학생들은 주도적으로 학습 계획을 세우기도 어렵고 실천하기는 더더욱 어렵다. 그래서 학습부진학생들에게는 목표를 세울 때도 일정시간, 일정분량, 일정장소 등으로 나누어 세부적인 계획을 세워 접근하도록 지도한다.

14. 무엇보다 중요한 학습부진 해결방법은 무조건적인 '복습'이다.

반복적으로 복습하는 것만이 부진에서 벗어날 수 있다. 수업 시간에 할 수 있는 가장 좋은 부진 예방 방법은 수업 끝나기 5분 전에 1:1로 배운 내용을 체크하는 것이다. 영어 시간을 예로 든다면 1:1로 배운 내용을 짧게 체크하고 통과하지 못 하는 학생만 쉬는 시간에 더 지도한다.

수업이 끝난 다음 간단한 확인을 통해서 특별히 부진이 있는 학생들은 쉬는 시간에 한 번 더 개별 복습을 시키고, 모든 수업에서 지난 시간 학습을 복습한 다음 수업을 시작하는 것을 습관화하는 것이 중요하다.

15. 기억을 돕는 방법은 반복과 복습, 그리고 다양한 전략이다.

기억은 무수한 반복을 통해서 단기기억에서 장기기억으로 옮겨진다. 이것이 기억의 매커니즘이지만 이 기억을 좀 더 쉽게 유지하도록 돕는 전략도 있다. 그림이나 마인드맵과 같은 시각적 자극을 돕는 전략을 사용하는 것이다. 또는 간단한 의사결정 과정을 통해 배운 것 중 핵심 단어를 고

▲ 영어 수업이 끝난 후 학생들과 배운 내용을 1:1로 확인하고 있다.

르게 하는 것도 복습에 도움이 된다. 각자 다섯 개씩 중요한 단어를 고르고, 이것을 모아서 모둠에서 다섯 개로 줄인다. 그리고 다시 교사와 함께 전체 학급에서 중요단어를 다섯 개로 줄이는 방식이다.

청동기 시대에 대해서 배운 학생들에게 다음과 같은 의사결정방법을 활용한다.

교사　배운 내용 중 기억나는 것들을 10가지 적어보세요.

학생　기억나는 모든 것들을 기록한다.

　　　- 고인돌, 청동기, 비파형 동검, 족장, 움집, 동굴, 사냥, 벼농사, 가축 등

| 교사 | 적은 것들을 발표해보세요. (학생의 모든 발표 내용을 기록한다.) 다양한 것들이 나왔어요. 이 중 청동기 시대를 대표하는 가장 중요한 것은 무엇일까 생각해보고 세 가지만 골라보겠습니다. 내 생각에 가장 중요하다고 생각되는 것을 각자 체크해보세요. |

교사 적은 것들을 발표해보세요. (학생의 모든 발표 내용을 기록한다.) 다양한 것들이 나왔어요. 이 중 청동기 시대를 대표하는 가장 중요한 것은 무엇일까 생각해보고 세 가지만 골라보겠습니다. 내 생각에 가장 중요하다고 생각되는 것을 각자 체크해보세요.

교사 다음은 모둠별로 토의해서 가장 중요한 단어 세 가지를 찾아보세요.

학생 (모둠활동을 통해서 세 단어를 골랐다.)

교사 많이 나온 의견을 고려하여 핵심단어를 선정한다. 선정한 핵심단어는 판서로 다시 정리한다.

동아리!
먼 교사보다 가까운 친구가 낫다

몇 년 전 일이다. 몇몇 여자 아이들이 면담을 요청했다. 선생님이 하는 거랑 상관없이 두레를 우리가 직접 만들어도 되냐고 묻기에 그러라고 했다. 처음에는 별 거 아니라고 생각했고, 얼마 못 갈 거라고도 생각했다. 그런데 결과는 전혀 뜻밖이었다.

아이들은 대학에서 동아리 회원을 모집하듯이 직접 회원을 모집하고 활동을 시작했다. 스스로 규모를 정해서 회원을 모집하고 시간을 정해 함께 활동했기 때문에, 그 자발성과 관심이 내가 학급에서 운영했던 두레보다 몇 배는 더 뜨거웠다.

하나 둘 늘어나더니 금세 배드민턴, 탁구, 수학, 영어, 십자수, 농구, 바이올린 동아리가 생겨났다. 아이들은 동아리에 신기한 이름을 갖다 붙이고, 회원을 모으기 위해 포스터를 만들고, 다양한 유치 전략을 세워서 경쟁하듯이 동아리를 키워갔다.

가끔은 아이들이 동아리에 가입했다가 바로 탈퇴하고 다른 동아리로 들어가는 바람에 싸움이 나기도 하고, 인기가 좋아서 들어갈 때 면접을 보는 동아리도 있었다. 동아리 규모도 아이들 관심사에 따라 차이가 있고, 제대로 운영되지 않는 동아리는 해체되어 다른 동아리에 흡수되거나 사라지기도 했다. 동아리 회원들끼리 다툼이 있을 때도 있고, 동아리 회장들이 회원 모집이나 관리에 힘들어하는 부분도 있다. 그러나 특별히 개입하지 않았고 일정 형식을 갖춘 계획서를 제출하고 3명 이상 회원을 모집하면 동아리로 인정해주었다.

특별히 의도한 것도 아니었지만 아이들이 워낙 좋아하고 즐거워했기 때문에 나중에는 동아리 연합 체육대회를 하고, 수업 주제별 연극도 했다. 동아리 활동이 최대로 활성화되어 있었기 때문에 수업에도 도움이 많이 됐다. 각자 동아리의 명예가 있다고 생각하여 수업 시간에 잘 모르는 것이 있는 아이들은 동아리 회원들이 따로 챙겼고, 단원평가를 할 때는 동아리 회장들이 오히려 더 가슴을 졸이면서 회원들의 점수가 향상되길 기다렸다.

어느 학부모는 아이가 동아리에 너무 신경을 쓰는 것 같은데 도대체 동아리가 뭐냐고 전화를 걸어오기도 했다. 쉬는 시간에 배드민턴채를 들고 다니면서 동아리에 가입하면 주말에 집까지 찾아가서 레슨을 해주겠다는 아이도 있고, 동아리 회원들에게 수학 경시 문제를 풀어주는 아이도 있었다.

나에게 동아리에 들어오면 십자수를 가르쳐주겠다고 해서 어느 날은 점심시간에 아이들과 나란히 앉아서 십자수를 하기도 하고, 또 어느 날은 배드민턴 레슨을 받기도 했다. 가끔은 모임에 빠짐없이 출석하라고 동아리 회장에게 잔소리를 듣는 날도 있었다.

아이들은 점심시간이나 여유 시간에 모여서 함께 동아리 활동을 하고, 지원이 필요한 부분은 어린이회의 시간에 건의사항으로 내기도 하고, 나에게 따로 제출하기도 했다.

그렇게 한 학기 정도 동아리 활동을 했는데, 내가 고심에 고심을 거듭해서 운영했던 두레보다 아이들끼리 주먹구구식으로 만든 동아리가 몇 배로 사랑받았다.

이때는 2009 개정교육과정을 도입하기 전이었다. 아이들을 위해 공부 시간 외에도 활동할 동아리 시간을 좀 더 확보해주고 싶었지만, 학급 교육과정에 반영하는 게 여간 복잡한 게 아니어서 교육과정 내에 아예 정해진 시간이 따로 있으면 좋겠다고 생각했었다. 지금은 2009 개정교육과정이 도입되었으므로 시간 확보에 대한 문제는 어느 정도 해결된 상태이니 다행이다.

학급에 아이들이 자발적으로 운영하는 동아리가 있으면 학교생활이 정말 즐거워진다. 누가 시켜서 하는 것이 아니기 때문에 아이들이 무척 재미있어하고 수업에도 도움이 많이 된다. 교사가 할 일은 아이들이 원하는 부분을 도와주고, 격려하고, 동아리별로 다툼이 생겼을 때 그것을 중재해주는 정도면 충분하다. 교사가 동아리에 들어가 같이 활동하면 아이들이 몇 배로 기뻐하기도 한다.

다만 동아리는 자발성에 그 뿌리를 두기 때문에 주의 깊게 살펴가며 교사의 도움과 지원이 필요한 부분을 함께해야 한다.

다음은 학급 내 동아리 활동을 할 수 있는 몇 가지 방법이다.

1. 동아리 활동에 대해 소개해주고, 학생의 흥미에 맞는 동아리를 조직할 수 있도록 분위기를 조성한다.
2. 동아리 활동에 대한 몇 가지 규칙을 학생들과 같이 정한다.
   ★ 규칙의 예
   - 동아리 회원은 최소 ○명 이상이어야 한다.
   - 동아리 회원은 최대 ○명을 넘지 않도록 한다.
   - 동아리에 가입하기 위해서는 동아리 모임 시간에 3회 이상 출석하기, 동아리 활동 내용에 대해 알고 있기 등 일정 조건을 갖춘 사람만 동아리에서 받아준다.
   - 한 번에 ○개 이상 동아리에 가입할 수 없다.
   - 동아리 회원이 되면 동아리 모임에 성실하게 참석한다.
3. 학급 조회 시간이나 어린이 회의 시간에 반 전체 아이들에게 동아리를 소개하는 시간을 갖도록 한다.
4. 동아리 회장이 된 어린이는 동아리 연합대표 모임에 참석하도록 하고 동아리회원 관리에 대해서는 선생님과 상의하게 한다.
5. 동아리 활동 발표회를 갖고 교사가 적극적으로 관심을 보여준다.
6. 수업 시간에 동아리 회원들을 서로 도울 수 있도록 협력적인 학습을 계획한다.

교사가 행복하고 아이들도 행복한
즐거운 수업 기법을 공개합니다.

교사가 즐거운
수업 기법을 말하다

4

약속 :
우리 선생님이
마법을 부렸어요

1

 학기 초에 수업 시간에 해야 하는 약속들을 정해야 한다고 들었습니다. 그런데 구체적으로 어떤 걸 약속해야 하는지 잘 모르겠어요.

수업 시간에 해야 하는 가장 중요한 일은 수업에 집중하는 것이다. 학생은 수업 시간에 교사가 지시하는 말과 설명에 주의 깊게 따르고, 친구들과 주제에 대해 이야기하고, 필요한 때에 필요한 행동을 하는 등 다양한 상황에서 교사의 요구에 따라 행동해야 한다.

학생들 가운데는 해서는 안 되는 행동에 대해서 전혀 제지를 받지 않고 제멋대로 행동하는 경우도 많다. 교사가 단호해야 하는 순간이 바로 이런 때이다. 해서는 안 되는 행동에 대해서는 하지 못하도록 지도해야 한다. 옆 친구를 괴롭히는 학생을 그대로 내버려두면 괴롭히는 학생과 괴롭힘을 당하는 학생 모두 수업을 제대로 할 수 없다. 이런 학생은 더 이상 나쁜 행동을 할 수 없도록 지도해야 한다. 이런 것들은 수업 중 지켜야 하는 약속으로 모든 학생들이 사전에 미리 모두 인지하고 있어야 한다.

따라서 학기 초에 수업 시간에 지켜야 할 약속을 미리 정해놓아야 하고, 그 중에는 수업 시간에 돌아다니지 않기, 연필 깎으러 다니지 않기, 특별한 일 아니면 화장실은 쉬는 시간에 가기, 수업 시작 2분 전에 앉기와 같은 자잘한 약속이 모두 포함되어 있어야 한다.

이 부분에 대해서는 평소에 학생들에게 충분히 설명해주고, 모두가 다 외울 때까지 교실 한쪽 벽에 규칙을 게시해놓고 틈날 때마다 인지시켜야 한다.

수업 시간에 지켜야 하는 약속은 크게 다음 세 가지로 나눌 수 있다.

- 다른 친구 수업 방해하지 않기
- 수업에 열심히 참여하기
- 자기 행동에 책임지기

다른 친구를 귀찮게 하는 것은 친구의 수업을 방해하는 행동이다. 짝에게 장난을 치는 것이나 말을 거는 것 역시 마찬가지다. 이런 행동은 교사의 지도와 상담이 뒤따라야 한다.

수업 시간에 무임승차를 하거나 소극적인 태도로 가만히 앉아서 다른 친구들의 활동을 보고만 있는 것은 두 번째 약속인 수업에 열심히 참여하기의 약속을 지키지 않는 것이다.

마지막으로 이런 행동을 해놓고도 아무렇지 않게 교사의 지시를 따르지 않는 것은 세 번째의 약속을 어기는 셈이다. 따라서 학생에게 사전에 이와 같은 행동 규칙에 대해 충분히 지도하고, 자신의 행동에 어떻게 책임을 져야 하는지에 대해서도 사전에 지도하도록 한다.

학생들은 어떻게 행동해야 하는지를 교사가 지도해주길 바란다. 교사가 학생들에게 명확하고 구체적으로 바람직한 행동에 대해 설명해주지 않고 학생들이 알아서 잘 해주기만을 바란다면 그것은 옳지 않다. 지도란 학생들이 어떤 식으로 행동해야 하는지 교사가 명확하고 구체적인 예를 들어 설명해주는 것이다. 충분한 설명과 예를 통해 학생들이 어떤 행동을 해야 할지 이해하고 실천하는 것이야말로 교사가 수업을 즐겁게 할 수 있는 바탕이 된다.

질문에 완전한 문장으로 답하기

학생들은 지도하지 않으면 말끝을 얼버무리는 식으로 말하기 쉽다. 논리적인 사고를 충분히 갖추지 못한 경우에 특히 그러하다. 저학년에서 이런 학생을 자주 볼 수 있으며, 고학년에서도 충분히 논리적인 사고를 하지 못하는 학생들은 끝을 얼버무리는 식으로 답한다.

이때 문장의 끝까지 정확하게 표현할 수 있도록 '완전한 문장으로 말하기' 지도를 추천한다. 이 때 학생들의 발표에는 항상 '왜냐하면 ~이라고 생각하기 때문이다'라고 말하도록 함께 가르친다. 완전한 문장으로 말하기를 지도하다 보면 학생들의 의사표현이 생각보다 빨리 좋아짐을 느낄 수 있다.

다음은 '진정한 용기'에 대해 배우고 있는 6학년 도덕 수업이다. 평소 학급의 주먹대장인 현진이의 행동을 새로 전학 온 지수가 나서서 지적하다가 싸움이 나게 된 장면에서 진정한 용기가 무엇인지 생각해보는 것이 수업의 주제다.

교사   오늘 전학 온 지수가 현진이와 어떤 것으로 말다툼이 있었나요?

학생   현진이가 끼어들었어요. (일부 학생을 제외하고는 교사의 질문에 학생들은 대부분 이런 불완전한 문장으로 대답한다.)

교사   현진이가 누구 앞에 끼어들었지요? (학생들이 완전한 문장으로 답할 때까지
는 반복해서 다시 물어야 한다.)

학생   현진이가 지수 앞에 끼어들었어요.

교사   현진이는 지수 앞에 왜 끼어들었을까요?

학생   먼저 밥을 먹으려고요. (이 역시 완전하지 않은 문장이다. 문장에는 주어와 목적
어, 술어가 분명해야 한다. 어린 학생들이 대답한다고 해서 주어를 사용하지 않아도
되는 것은 아니다. 학생들은 완전한 문장으로 답하는 것을 배우는 것이 좋다.)

교사   아, 그렇구나. 그러면 이제 이 상황을 정리해서 다시 얘기해볼까요?

학생   현진이가 밥을 먼저 먹으려고 지수 앞에 끼어들었어요.

교사   그래서 어떤 일이 벌어졌지요?

학생   현진이가 밥을 먼저 먹으려고 지수 앞에 끼어들었기 때문에 지수가 화
가 났어요. (이것이 바로 교사가 들어야 할 완전한 문장이다.)

수업 시간은 물론이고 평소 토의 시간에도 끝까지 정확하게 말하도록 지도를
해야 하는데, 교사가 몇 번이고 완전한 문장이 나올 때까지 거듭해서 물어봐야
하고, 완전한 문장으로 대답할 수 있을 때까지는 질문을 포기해서는 안 된다. 또
한 학생들에게 평가의 답을 적을 때에도 완전한 문장으로 답하도록 지도하는 것
이 좋다.

일부 학생들 중에는 '-요'를 붙여가면서 발표하는 경우도 있다.
"현진이가요. 지수하고요. 싸웠는데요. 지수가 화가 났어요. 그래서요"처럼 말
하는 것이다. 중간에 어미 '-요'가 자주 들어가기 때문에 듣는 이가 무슨 말인지

알아듣기 힘들다.

　말이라는 것은 상대와 내가 같은 뜻을 가지고 주고받아야 하는 것이지, 나만 이해하고 말하는 것이어서는 안 된다. 따라서 상대가 이해할 수 있는 말, 이해할 수 있는 언어를 사용해야 한다는 것을 반드시 주지시켜야 한다. 어미 '-요'를 자주 사용하는 학생의 경우도 몇 번이고 다시 말하도록 하여서 천천히 생각하면서 문장을 구사할 수 있도록 지도한다.

토의 :
모둠활동도
훈련이다

2

모둠활동을 하라고 하면 소란스럽기만 하고, 아무것도 제대로 되지 않습니다. 토의는커녕 시끄럽게 떠들고 있거나 아무것도 하지 않고 있다가 다른 친구가 쓴 것을 베껴 쓰기 일쑤인 학생들도 많습니다. 어떻게 해야 아이들이 제대로 된 모둠활동을 할 수 있을까요?

혼자보다는 둘이 낫고, 둘보다는 셋이 낫다는 말이 있다. 요즘은 수업에서도 더 나은 문제 해결을 위해 집단 지성을 요구하고, 협력학습과 협동학습, 토의와 토론 수업 등 여럿이 함께 사고하는 과정을 통해 문제를 해결하는 수업을 강조하고 있다.

학생들은 여럿의 생각을 공유하고 함께 토의하는 활동을 통해 기본적인 문제 해결 방법을 배운다. 또한 토의를 통해 개인의 사고를 공유하고 좀 더 나은 해결방법을 찾아내는 집단 사고의 과정을 배울 수 있다.

그런데 막상 수업 속으로 들어가 보면 모둠활동이 제대로 되지 않는 경우가 많다. 원활한 모둠활동을 위해서는 먼저 모둠도 작은 사회 집단이라는 것을 염두에 두고 작은 부분까지 모둠 구성원의 역할을 나누는 것부터 시작해야 한다. 그러므로 학생들이 어떤 일을 맡아도 능숙하게 해낼 수 있도록 역할별 하는 일을 알고 있어야 하고, 이런 부분에 대해서는 세세하게 지도해야 한다.

학기 초에 이 부분을 꼼꼼하게 지도하는 것이 좋고, 정착될 때까지 매일 시간을 정해놓고 한 모둠씩 따로 지도를 하는 게 효과적이다. 이때 토의를 진행하는 방법과 절차, 역할분담 내용 및 역할, 주제에 따른 토의 방법, 의견이 상충될 때 조정하는 방법 등을 집중적으로 가르친다. 이를 작은 카드로 만들어 책상에 붙여놓거나 학급 게시판에 게시하는 등 학생들의 눈에 잘 띄어 학급의 모든 아이들이 완벽하게 기억할 정도로 꾸준히 지도해야 한다.

수업 중에 교사가 직접 학생 한 명 한 명에게 자료를 나눠준다든가, 불필요한 간섭으로 수업을 중단시키는 행동은 좋지 못하다. 교사는 학생의 역할을 조직적이고 체계적으로 활용하여 수업의 효율성을 높이고 학생들이 활동하고 생각하는 시간을 최대로 확보해주어야 한다.

토의가 익숙해지기 위해서는 수업 시간에 친구들과 자주 모둠에서 의견을 주고받도록 지도하는 것이 특히 중요한데, 학습문제와 관련된 토의 주제를 아이들이 직접 찾아보게 하고 이를 토의를 통해 해결하도록 지도한다.

교사가 말을 멈추면 아이들이 집중한다

수업 시간에 아이들이 가장 빨리 조용해지는 방법은 교사가 말을 멈추는 것이다. 교사가 하던 말을 멈춘 상태로 말없이 기다리면 학생들이 서서히 조용해진다. 침묵 신호는 바로 이 상태로 아이들이 조용해지길 기다리는 것이다. 침묵 신호를 가르쳐주면 연못에 돌을 던지면 동심원을 그리며 파동이 번져가듯이 수십명의 학생들도 단 몇 초 안에 침묵하게 된다.

침묵 신호는 협동 학습 뿐 아니라 모든 수업에서 쓸 수 있는 가장 간단하고 강력한 신호다. 학생 수가 많을수록 교사가 학생들의 주의를 집중시키기 위해 자주 목소리를 높이지만, 침묵 신호를 가르쳐주면 모든 학생들을 10초 안에 집중시킬 수 있다.

교사   입에 왼손 검지를 갖다 댄 상태에서 말을 멈추고 주변을 둘러본다.

학생 1   교사의 침묵 신호를 가장 먼저 본 학생이 침묵 신호를 따라한다. 왼손으로 침묵 신호를 표시한 다음, 오른손으로는 다른 학생을 살짝 건드려서 침묵 신호를 보여준다.

학생 2 침묵 신호를 따라하고 다른 학생에게 침묵 신호를 알린다.

학생들 같은 방법으로 전체 학생들이 교사의 침묵 신호를 따라할 때까지 기다린다.

교사 침묵 신호를 하는 동안 말없이 그대로 멈춰 서서 모든 학생이 교사를 바라볼 때까지 기다린다.

토의, 이렇게 지도하면 쉽다

1. 모둠에서 기본 역할을 나눈다

- 이끔이 : 모둠 토의를 이끌고 회의를 주재한다.

- 나눔이 : 학습지와 기본 자료를 분배한다.

- 기록이 : 토의 내용을 기록하고 정리한다.

- 깔끔이 : 활동 중간이나 활동 후 주변을 정리한다.

- 칭찬이 : 친구의 의견을 주의 깊게 듣고 칭찬해준다.

- 시간지킴이 : 토의 시간을 체크하고 독려한다.

위와 같이 평소 학급의 성격이나 특성에 맞는 다양한 역할을 학생들과 정해놓는다. 모둠원이 4인일 경우는 이끔이, 기록이, 나눔이, 깔끔이 정도로 역할을 나눈다. 기본적인 역할을 학생들이 충분히 이해한 다음에는 자리 배치에 따라 1, 2, 3, 4번 정도로만 정해도 된다. 학생들이 필요한 역할을 즉석에서 정해 활동할 수 있게 되면 수업에 융통성을 좀 더 확보할 수 있다. 역할을 따로 정해놓지 않아도 아이들끼리 융통성 있게 즉석에서 역할을 나누어 활동할 수 있게 되지만, 이렇게 되기까지는 학생들이 기본적인 역할을 수행할 수 있어야 하고 토의에도 충분히 익숙해져야 한다.

2. 기본 역할에 따른 하는 일을 명확하게 인지시킨다

각자 어떤 일을 하는지 학생들이 명확하게 알 수 있도록 역할을 다양하게 바꾸어가면서 토의에 참여하게 한다. 저학년의 경우는 역할 카드를 책상에 붙여주면 좀 더 이해가 쉽다.

3. 토의거리를 찾아보게 한다

토의를 지도하기 위해서는 문제를 주고 해결하는 방법을 찾게 하는 것이 가장 좋다. 모든 과목에서 토의거리를 찾아낼 수 있도록 수업 시간에 학습문제를 찾아보고 학습활동을 정하는 것을 지도하는데, 이런 활동을 꾸준히 하다 보면 아이들이 토의거리를 찾는 것도 쉬워진다.

4. 주제에 맞게 이야기하는 방법을 지도한다

아이들이 토의 시간에 주제에 맞는 말만 하는 것도 쉬운 일은 아니다. 쓸데없는 이야기를 해서 주제에 벗어난다거나 하는 것을 제지할 수 있는 역할을 이끔이가 해야 하는데, 이때 친구의 기분이 상하지 않게 "좋아, 그러면 이번에는 시간이 없으니까 넘어가고 다음에 그 이야기를 이어서 듣도록 하자"와 같이 말하도록 지도한다.

5. 토의의 목적을 분명히 한다

간혹 토의할 거리가 없는데도 토의를 하는 경우가 있다. 두 명이서 해결할 문제를 네 명이서 해결하게 하는 것은 효율적이지 못하다. 경우에 따라서 여러 명이 해결해야 하는 문제가 있고, 둘이 해결하는 문제가 있고, 혼자서 해결해야 하는 문제가 있다.

내용에 따라서는 모둠활동 없이 전체-개별 활동이 있을 수 있고, 개별 활동으로만 진행될 수도 있다. 주제에 맞게 수업을 설계해야 하며, 모둠활동이 굳이 필요 없는 주제는 과감하게 모둠활동을 생략할 수도 있다.

6. 토의의 기본 습관과 규칙은 교사를 포함하여 모두가 알고 있어야 한다

1) 토의에서는 기본적으로 꼭 사용하는 표현이 있다. 이를테면 "나는 ~에 대해 이렇게 생각해. 왜냐하면~이기 때문이야"와 같이 말하는 것이다. 자신의 생각과 그에 따른 이유를 같이 밝히면서 이야기하게 하는 것은 토의의 가장 기본이 되는 표현이다.

2) "나는 ~의견에 동의해. 왜냐하면~라고 생각하기 때문이야"와 같이 다른 친구의 의견에 동의할 경우 표현하도록 한다. 뒤에 이유를 붙이지 않으면 단순히 다른 사람의 의견에 동조하기만 할 수도 있기 때문이다.

3) "~의 의견에 보충할게" 와 같이 다른 사람의 의견에 덧붙이고 싶은 말이 있으면 보충 의견을 내도록 한다.

4) 친구의 의견에 반론을 제시할 경우는 "~의 의견은 이해하지만 나는 그렇지 않다고 생각해. 왜냐하면~이기 때문이야"와 같이 표현하도록 한다.

수업 중 어떤 부분에서 개입하고 어떤 부분에서 지켜봐야 하는
지 잘 모르겠습니다. 학습하는 도중 교사가 개입해야 하는 때
가 언제인지 가르쳐주세요.

학생들이 개별 활동에 집중해 있을 때 교사가 개입하면 학습의 흐름을
끊게 된다. 일부 학생의 오류를 다른 학생이 함께 공유할 필요가 있을 때
짧고 신속하게 개입하고, 그 외의 상황에서는 개별적으로 순회하면서 지도
하는 것이 좋다.

학생들이 수업에 한창 집중해 있을 때는 교사가 보기에 학생들 활동이
설사 전혀 엉뚱한 방향으로 가고 있다 해도 어느 정도 기다려야 한다. 학
생 대부분이 수업 내용을 이해하고 있지 못하거나 전혀 교사의 의도와 맞
지 않을 때는 신속하고 짧게 개입을 끝내고 학생들이 활동을 다시 전개해

갈 수 있게 해야 한다.

또한 활동을 중단시켰을 때는 모든 학생이 교사의 지도에 집중해야 교사가 활동에 개입하는 의미가 있다. 학생들은 하던 활동을 계속하고 있고, 교사는 교사대로 지시를 하고 있다면 학생에게 교사의 지시는 투입되지 않고 겉돈다. 따라서 모든 학생이 교사에게 집중한 상태로 활동을 멈추고 교사의 지시에 따르도록 한다.

교실 순회는 왜 할까?

교사의 교실 순회는 의도적이고 목적적인 행위여야 한다. 이유 없이 교실을 돌아다니는 것은 오히려 학생들의 집중을 흐트러뜨릴 수 있다. 교사가 교실을 순회할 때는 주로 학습을 잘 따라오지 못 하는 학생이나 부진학생의 학습 상황을 점검하는 등 특별히 주의가 더 필요한 학생들을 위주로 살펴보고 이 학생들이 수업을 잘 따라오고 있는지 체크한다.

교실을 순회할 때는 다음과 같은 사항을 주로 살피노록 한다.

- 확인 : 학생의 시야에서 교사를 바라볼 때 적절한 위치에 학생들이 배치되어 있는가.
- 점검 : 학습의 흐름을 따라가지 못하는 학생이 많지는 않은가.
- 감독 : 책상 위에 수업과 관련 없는 준비물이나 장난감이 있어서 학생의 수업참여도가 떨어지진 않는가.
- 안내 : 평소 학습 속도가 떨어지는 학생의 학습을 돕는다.
- 추가 지도 : 속도가 빠른 학생들에게는 다른 심화 과제를 부여한다. (다른 학

생을 돕게 하거나 수업과 관련된 다른 선택 과제를 제시한다.)

수업 속으로

두 자리 수의 곱셈 수업 중 받아 올림을 한 다음 받아 올린 숫자를 어디에 써야 할지 모르는 학생들과 구구단을 제대로 외우지 못해서 셈이 오래 걸리는 학생이 교사의 눈에 띈 상황이다.

이때 구구셈이 오래 걸리는 학생은 교사가 그 시간에 간단하게 해결할 수 없는 문제다. 수업이 끝난 다음 따로 지도해야 하기 때문에 수첩에 메모해둔다. 연산 중 받아 올린 숫자를 어디에 적을 것인가 하는 문제는 전체 학생들이 이 수업 시간에 함께 생각해볼 문제다. 따라서 전체 학생의 활동을 멈추게 한다. 활동을 멈추고 모든 학생들이 교사에게 집중해야 하므로 침묵 신호를 보낸다.

모든 학생들이 교사에게 집중하면, 다른 학생의 오류를 함께 공유하게 한다.

교사 선생님과 함께 한 가지만 확인하고 다시 진행할게요. 지금 받아 올림한 숫자를 어디에 쓰는지 잘 모르는 친구가 있어요. 여러분은 받아 올림한 숫자를 어디에 적었나요?

학생 아래 곱하는 수 2 옆에 적었습니다.

교사 곱하는 수 2의 왼쪽 옆인가요? 오른쪽 옆인가요?

학생 왼쪽입니다. 오른쪽입니다.

교사 왜 그렇게 생각하나요? (문답을 통해 학생의 생각을 듣는다.)

학생   각자의 생각을 발표한다.

교사   잘 이야기해주었어요. 모두 좋은 생각이에요. 그런데 이때는 왼쪽에 작게 표시하는 걸로 약속하겠습니다. 왜냐하면 숫자를 더할 때 오른쪽에 쓰는 것보다 왼쪽에 쓰는 것이 수를 바로 더할 수 있어 편리하기 때문입니다. (칠판에 시범을 보인다.)

교사   이제 다시 앞의 문제 두 개를 풀어보겠습니다. 받아올림한 숫자를 곱하는 수 왼쪽 앞에 적기로 한 약속을 지키면서 풀어보도록 하세요.

개념어 :
수업은
개념어에서
시작한다

4

시험을 보는데 아이들이 질문 자체를 이해하지 못합니다. 수업 시간에 분명히 배운 내용인데도 아이들이 그런 질문을 하는 걸 보면 제대로 가르치지 않은 것 같아 우울합니다.

"다음에서 직업의 특성에 따라 바르게 분류한 것을 고르시오"

직업의 분류 기준을 아는지 평가하기 위해 이 문제를 냈겠지만, 아이들 중 하나는 꼭 이렇게 물어볼 것이다.

"선생님, 특성이 뭐에요? 분류는 뭐에요?"

이런 질문을 받으면 교사 입장에선 '뭐야, 그럼 특성이란 말도 몰라?' 라는 말이 저절로 튀어나온다. 그런데 특성, 분류, 직업, 모두가 아이들에게는 생소할 수 있는 단어들이다.

그래서 수업 시간에 꼭 지도해야 하는 것이 바로 개념어이다. 기본적인 개념어들을 모두 짚어 설명하고 가르쳐야 그 위에 다른 지식들이 하나하나 차곡차곡 쌓인다. 아이들이 배우는 과정 역시 이와 같아서 이미 경험한 것과 알고 있는 기본 지식을 바탕으로 나머지 다른 지식을 구성해간다.

따라서 수업할 때 '개념어'를 빼놓지 말고 가르쳐야 한다. 핵심 키워드가 되는 단어에 대해서는 수업 중에 반드시 익혀야 하며, 이 개념어를 바탕으로 다음 학습이 이루어져야 한다. 아이들이 개념어를 이해하지 않은 채로 계속 배우다 보면 애써 앞에서 배운 내용마저 뒤죽박죽 섞여 버린다.

아이들 입장에선 기본적인 개념어마저 모르고 있는 상태이므로 말 그대로 뭐가 뭔지 하나도 모르는 채로 수업을 하게 되는 셈이다. 이런 원리를 교사가 이해하지 못한다면 그 수업은 이미 반은 실패한 수업이 되고 만다. 이해하지 못하는 기본 개념이 하나 둘 쌓이기 시작하면서 수업의 목표 도달도가 떨어지기 때문이다. 모르는 단어들 투성이인 아이들에게는 그 어떤 재미있는 수업도 결국은 죄다 생소한 외계어가 되는 것이다.

가장 대표적인 예가 바로 역사적 사실을 이해하고 전체적인 흐름을 꿰고 있어야 하는 5학년 사회 수업으로 학생들이 제대로 이해하지 못하고 역사 속을 헤매게 되는 것은 대부분 이런 개념어 이해에 문제가 있기 때문이다.

근대화 과정에 대해 배우고 있는 아이들에게 '근대화'가 무엇인지 물어보면 정확하게 모르는 경우가 굉장히 많다. '근대화' 과정을 순서대로 외우면서 정작 '근대화'가 무엇인지 모르는 상황인 것이다. '척화'가 무엇을 뜻하는 것인지 알지 못한다면 당연히 척화의 의지를 다지기 위해 세운 '척화비'는 뜬구름 속의 이야기가 되고 만다.

흥선대원군이라는 단어에서 '대원군'은 왕이 아닌 평범한 사람이 왕의 아버지가 된 것을 뜻한다. 조선 역사에 없는 매우 특별한 사례다. 이 역시 아이들이 대원군이라는 말을 통해 알아야 하는 부분이다. 게다가 이 개념어의 이해로 고종이 왕이 된 과정과 대원군이 당시에 얼마나 영향이 컸을지 학생들이 자연스럽게 배울 수 있는 부분이기도 하다. 즉, '대원군'이라는 단어를 정확하게 아는 것만으로도 학생들이 배울 수 있는 부분이 매우 폭넓다는 뜻이다.

수업 시간에 개념어를 정확하게 지도해야 하는 것은 역사뿐 아니라 개념과는 별 상관없어 보이는 국어나 수학 역시 마찬가지다. 감상이 무엇인지, 분수가 무엇인지 그 개념을 이해하지 못한 학생에게 문제를 해결하기 위한 창의적 사고능력을 요구하는 것은 말이 되지 않는다.

따라서 기본이 되는 개념어를 먼저 지도하되, 다양한 실생활 속에서 개념어의 응용을 가르쳐야 한다. 아이들에게도 교과서 속 가장 기본이 되는 개념어를 찾아보고 그 뜻과 의미를 함께 토의해보고 정의하는 과정을 반드시 거쳐야 한다.

교사 vs 학생 :
한걸음이
아닌 반걸음만
앞서 가라

5

◀▥▦ 수업을 하다 보면 열정적이고 많은 것을 욕심내고 있는 데 비해 어떤 아이들은 너무나 소극적입니다. 열심히 하고 싶은데 이런 아이들을 보면 처음에 가졌던 의욕이 자꾸만 꺾입니다. 어떻게 극복할 수 있을까요?

교사는 아이보다 반 발자국만 앞서가면 된다. 어느 수업이든 아이와 보조를 맞추기 위해서는 한 발자국이 아닌 반 발자국만 앞서가야 한다. 아이를 있는 그대로 인정해주기 위해 노력하다 보면 아이를 교사의 틀에 맞추려는 욕심을 버릴 수 있다.

어떤 아이는 놀면서 대충 해도 잘 하는 것 같은데, 어떤 아이는 잘 하는 것이 하나도 없다. 어떤 날은 아이들이 내가 기대하는 것 이상으로 의욕이 낮기도 하고, 기대하지 않았는데 의욕이 충만해지기도 한다.

수업에는 이렇듯 변수가 넘쳐난다. 교실은 어제와 오늘이 다르고, 오늘과 내일이 다른 곳이다. 교사가 못 느낄 뿐 매일 성장과 배움이 일어나는 장(場)이기 때문이다. 단, 끝까지 지치지 않기 위해서 중요한 것은 학생을 이해하는 마음이 열정보다 앞에 있어야 한다는 것이다. 학생을 있는 그대로 받아들이고 인정하는 마음이 열정보다 앞설 때 교사는 학생을 가장 편안한 상태로 만들어 줄 수 있다. 이럴 때에서야 비로소 학생들도 최고의 성장을 보여준다.

아이들은 교사가 생각하는 것보다 못 할 수 있다. 교사가 기대하는 것에 훨씬 못 미칠 수도 있다. 하지만 아이들이기 때문에 그래도 괜찮다.

아이들이니까, 실패하고 또 실패한다. 수없이 실수하고 엄청난 사고도 치고, 때로는 돌발행동도 하고 말도 안 되는 엉뚱한 소리를 한다.

아이들이니까 가르친 것에 비해 결과물이 초라할 수 있고, 아이들이니까 모둠활동을 하다가 싸울 수 있다. 가르친 것에 비해 너무나 형편없는 보고서를 만들어내고도 잘 했다고 큰소리치기도 하고, 교사가 열심히 준비해온 수업 준비물을 한순간에 부수기도 한다.

그런데 우리 어른들도 가끔은 노력한 것에 비해 형편없는 결과를 받지 않는가. 세상이 항상 노력한 만큼의 결과를 보여주진 않는다는 것을 우리들은 이미 알고 있다. 그런데 아이들은 오죽할까, 아이들은 더욱 그렇다. 아이들은 더 자주 실수하고, 더 자주 실패하고 같은 잘못을 되풀이한다. 그리고 그 과정에서 아이들은 성장한다.

아이들이 교사가 의도하는 것만큼 해내지 못한다고 해서 교사가 좌절할 필요는 없다. 교사는 아이들에게 열심히 해야 하는 이유를 몸으로 보여주고, 아이들로 하여금 도전하는 용기를 갖게 해주면 된다. 아이들에게 수업 시간에 틀려도 되는 이유를 가르쳐주고, 실패하는 것이 부끄럽지 않은 까닭을 설명해주면 된다.

그래서 자주 틀리는 아이에게는 칭찬해주어야 한다. 틀렸다는 것은 도전했다는 뜻이다. 틀린 아이에게는 자신 있게 다음에 또 틀리라고 말해주면 된다. 다음에는 더 잘할 거야, 너라면 잘할 수 있어. 라고 해주면 된다.

문제는 틀리지도 맞지도 않는 아이다. 이런 아이야말로 아무 존재감 없이 앉아있다 조용히 집에 가기 때문에 이 유형의 아이들이 자신 있게 도전하도록 해주는 것이야말로 가장 큰 과제다. 오늘 나와 눈 한 번 마주치지 않고 이름 한 번 부르지 않고 보낸 아이가 있었는지 수업일기에 적어보고, 내일은 아이의 이름을 꼭 한 번은 불러보자고 다짐해야 한다.

교사가 허용적인 태도로 온화하게 웃으면서 수업을 이끌어가면 이렇게 존재감이 적은 학생들조차 수업에 서서히 참여하게 되고 느리지만 천천히 성장하는 것을 보여준다. 친구와 조금씩 이야기하게 되고, 교사에게 질문을 하기도 한다. 교사가 먼저 지치지만 않는다면 충분히 아이의 성장을 볼 수 있다.

결국 교사는 아이보다 반걸음만 앞서가면 된다. 수업에서 어떻게 하면 아이들이 즐거워 할지 고민하되, 아이들에게 내 방식을 강요하지 않아야 한다. 그리고 아이들의 흥미를 이끌어내는 것을 준비하되, 아이들이 내가 기대한 것만큼 잘 해내지 못해도, "우리 아이들과 함께 나는 새로운 것에 도전했다"라고 수업일기에 적으면 된다.

그렇게 하나하나 꾸준히 쌓아가다 보면 아이들이 '그럴 수 있다'는 것을 이해하게 될 것이다. 그렇게 이해하고 나면 아이들이 하는 말이나 행동, 교사로서 받아들이기 어려운 행동조차도 이해하게 되어 수업에서 보이는 낮은 성취나 의욕도 수용하게 되며, 더 나아가 어떻게 도울지 고민할 수 있게 된다.

그리고 이 과정에서 가장 중요한 것을 얻을 수 있게 된다. 그것은 바로 학생을 교사 자신을 통해 성장시킬 수 있는 역량을 갖게 된다는 것이다. 아이들은 결코 한 순간에 변하는 존재가 아니지만, 성실하게 템포를 맞추어 묵묵히 걸어가다 보면 아이들이 나와 얼마나 멀리 있는지 보일 것이다.

선생님, 공부는 왜 해야 하죠?

아이들이 공부를 왜 해야 하는지 알았으면 좋겠다는 새내기 교사의 이야기를 들었다. 공부를 잘하는 것이 대한민국 사회에서 어떤 의미를 갖는지 본인이 먼저 겪었기 때문이다. 그는 내가 가르치는 아이들이 공부를 잘하면 좋겠고, 공부에 욕심을 가졌으면 좋겠다고 말했다. 물론 옳은 말이다.

그러나 먼저 이해해야 할 것은 시기별로 공부에 대해 가져야 하는 생각이 다르다는 것이다. 초등학교에서는 습관을, 중학교에서는 의지를, 고등학교에서는 필요성을 배워야 하고, 대학교에선 본인이 정말 하고 싶은 공부를 해야 한다. 사회에 나와서는 다양한 분야에 관심을 갖고 꾸준히 배움의 끈을 놓지 않고 삶과 배움을 함께 영위해야 한다.

초등학교에서는 아이들이 올바른 공부습관을 익히게 해주는 것이 가장 중요하다. 교과별로 가져야 하는 기본적인 지식을 탄탄하게 쌓기, 수업에 흥미를 갖고 꾸준히 참여하기, 다양한 수업 방법을 배우고 익히기, 배운

다는 것이 재미있고 흥미로운 일이라는 것을 느끼게 하기 등 수업에 즐겁게 참여하고, 재미있는 체험과 경험을 많이 하는 것을 통해 공부가 즐겁고 재미있는 것임을 몸으로 먼저 느끼게 해야 한다.

아이들은 꾸준히 배우는 즐거움에 노출되어야 한다. 배우고 익히는 것이 즐겁다는 경험을 가진 아이는 공부를 통해 성장하고 발전해가는 즐거움을 깨닫게 되기 때문이다. 이런 아이들이라면 시간이 흘러 더 성장했을 때 어떤 공부를 해야 할지 스스로 결정할 수 있는 힘을 갖게 된다.

이런 문제는 교사가 이미 인생을 아이들보다 앞서 살아왔기 때문에 어쩌면 조바심 내는 것일 수 있다. 그러니 아이에게 공부를 강요하는 분위기를 만들어서도 안 되고, 공부에 대한 압박감을 줘서도 안 된다. 아이들에게 "공부 못 하면 어떻게 되는지 알아?"라고 묻는 일만은 하지 않았으면 좋겠다.

유대인의 아이들은 글자를 처음 배울 때 꿀을 핥아 먹다 보면 그 아래 있는 글자들을 보게 된다고 한다. 유대인은 아이들에게 배움은 그렇게 달콤하고 즐거운 일이라고 가르친다는 것이다.

우리도 유대인처럼 아이들에게 공부가 즐겁고 재미있는 것이라고 가르치면 좋겠다. 나머지는 아이가 살아가면서 얻어내야 할 몫이라 믿고, 아이에게 그 판단을 맡겨줬음 한다. 아이들은 얼마든지 잘 해낼 수 있으니 우리가 할일은 믿어주는 일인 것이다.

예체능 수업,
그것이
알고 싶다

6

예체능 수업을 꺼려하는 교사도 있다. 번거롭고 준비할 게 많기 때문이다. 그러나 예체능처럼 학생들의 정서를 가꿔주는 수업도 없다. 학생들이 공부만 잘하는 게 아니라 마음까지 예쁘고 사랑스럽길 바란다면 예체능 수업에 지금부터라도 힘을 쏟아야 한다.

체육 수업 어떻게 하죠?

체육은 거의 모든 학생들이 좋아하지만 고학년 여학생들 중 움직임이 많은 활동을 싫어하는 학생도 많다. 신체 발달에 따른 문제로 이런 학생들이 가장 싫어하는 종목은 천천히 달렸을 때 팀에게 피해가 돌아가는 이어달리기다.

고학년 여학생들은 달리기와 관련된 운동은 정말로 질색한다. 이런 아이들은 발야구를 하면 공을 차지도 않을뿐더러 공이 옆으로 와도 잡지 않는다. 남자 아이들은 공 하나만 있어도 하루 종일 재미있어하는 축구를, 아무리 하자고 해도 여자 아이들은 재미없다고 투덜댄다. 그래서 재미없는 체육 수업이 되지 않으려면 경기 방법을 바꿔야 한다.

이어달리기를 하되, 뒷걸음질로 가는 이어달리기를 한다. 뒷걸음질은 모두가 천천히 달릴 수밖에 없는 경기기 때문이다. 축구를 하되, 형식을 살짝 바꾸어 짝축구를 한다. 짝과 같이 달리는 경기이므로 자연스레 남학생과 여학생이 친밀감을 갖고 서로를 배려하게 된다. 이성에 호기심이 많은 고학년 아이들이 더 좋아하는 경기다.

모둠이 함께 손을 잡고 풍선을 위로 띄운 다음 떨어뜨리지 않는 '모둠 세우기 놀이'도 고학년 아이들이 특히 더 재미있어한다. 모둠을 새로 짠 다음 이런 모둠 세우기 놀이를 자주 하면 아이들이 모둠 친구들과 금방 가까워진다. 신문지 위에 올라가 점점 작게 접어가는 경기도 마찬가지로 아이들이 몸을 부딪쳐가면서 하기 때문에 재미있어 한다. 몸으로 함께 부딪쳐 가며 하는 놀이는 아이들 마음에 즐거움으로 깊이 남는다.

체육 시간에 교과서에 나오는 모든 내용을 똑같이 순서대로 가르치는 것보다는 융통성 있게 교육과정 내용을 재구성하여 아이들에게 재미있게 접근하는 것이 좋다.

체육을 평소에 재미있게 가르친다고 소문난 어느 선생님은 교실에서 수영을 가르쳤다고 했다. 어떻게 가르쳤는지 물어보니, "책상 위에 엎드려서 자유형, 배영을 해보게 했지"라고 말했다. 체육 교과서에 나오는 내용을 얼마든지 재미있게 교실에서도 지도할 수 있음을 보여주는 사례다.

교과서에 나오는 민속무용 역시 아이들이 굉장히 재미있게 수업에 참여한다. 경험적으로 아이들이 특히 좋아했던 체육 수업 중 하나가 모둠별로 안무를 구성하고 음악을 정해 발표하는 형태의 무용 수업이었다.

교과서의 기본 동작을 가르쳐준 다음은 여자 아이들이고 남자 아이들이고 할 것 없이 모둠을 짜서 함께 작품을 구성하여 발표하도록 단기 프로젝트 수업을 진행했다. 교과서에 나오는 기본 동작들은 단순하고 익히기 쉽기 때문에 아이들이 금방 배운다. 배운 동작을 응용하고 적당한 음악에 맞추는 것은 그 다음에 아이들이 해낼 몫이다.

서로 아이디어를 내서 주제를 정해 같이 안무를 짜고 음악에 맞춰 연습한 뒤 마지막 시간에는 발표를 하게 했는데, 춤과 노래에 한창 관심이 많은 고학년 아이들에게 특별히 많은 사랑을 받았다.

룰과 형식을 살짝만 바꾸어도 체육 수업은 가장 신나는 수업이 된다. 어떤 과목이든 마찬가지지만 시험 준비 때문에, 학예회 연습 때문에, 기타 등등의 이유로 빠져서는 안 되는 게 바로 체육 수업이다. 교사가 체육 시간에 아무런 배움의 과정 없이 아이들을 놀게만 하는 것도 좋지 않지만, 체육을 수업이 아닌 놀이 정도로 가볍게 생각하여 노는 대신 다른 공부를 해야 한다고 생각하는 것은 더 좋지 않다.

성장기의 아이들에게 움직이고 뛸 시간을 주는 것은 두뇌 발달은 물론이고, 스트레스 해소와 건전한 정신을 갖게 하는 등 정서적인 문제에서도 너무나 중요하다. 모든 아이들이 기본적으로 하루에 30분 정도는 신나게 뛰어놀 수 있는 시간이 있어야 한다. 아이들이 운동장에서 신나게 뛰어놀 때 아이들의 머리와 몸은 배움을 위한 최적의 상태로 깨어난다. 체육 수업이 없는 날 아침에는 운동장이라도 세 바퀴 이상 뛰어서 두뇌를 깨워줘야 할 것이다.

여자 선생님이 먼저 즐거워지는 체육 수업

여자 선생님들은 체육 수업을 싫어한다고 통념적으로 생각한다. 그렇지만 옷을 갈아입어야 하고, 시범을 보여야 하고, 학생들을 통제하기가 어렵고, 사고가 날 것 같아서 걱정되는 것은 교사 누구에게나 해당되는 얘기다. 비단 여자 선생님이기 때문이 아니라 남자 선생님도 마찬가지라는 뜻이다. 여자 교사여도 남자 교사 못지않게 얼마든지 재미있게 체육 수업을 할 수 있다. 이런 문제들은 교사가 얼마든지 해결할 수 있기 때문이다.

첫째, 옷을 갈아입는 시간을 줄인다. 예를 들면 아침 자습을 운동장에서 하는 가벼운 체조로 정해놓고 아이들과 등교한 아침 시간부터 1교시까지 이어서 체육 수업을 하면 된다. 이 날의 아침 자습은 운동장 세 바퀴 뛰기로 정하면 어떨까? 아이들이 분명 신나게 운동장을 달릴 것이다. 운동장을 가볍게 달리는 것만으로도 잠이 부족한 요즘 아이들을 깨울 수 있다. 5교시에 체육 수업을 하는 것도 좋다. 점심을 먹고 여유 있게 옷을 갈아입고 운동장에서 아이들을 기다린다. 10분 빨리 시작해서 5분 늦게 끝내는 체육 수업을 아이들은 더 좋아한다.

둘째, 운동을 잘 하는 학생을 활용하여 시범을 보인다. 어느 학급이든 신체운동지능이 뛰어난 학생이 있기 마련이다. 이런 학생들을 시범조교로 활용해서 몇 가지 기능과 동작을 쉬는 시간에 미리 지도한 다음 아이들에게 시범 보이게 한다. 이렇게 지도해두면 1년 내내 운동 기능이 뛰어난 조교를 활용하는 셈이므로 교사는 시범 학생을 활용할 수 있고, 시범 보이는 학생들은 자신의 재능을 펼칠 수 있어 좋다.

셋째, 학생들에게 호루라기로 말한다. 운동장이나 체육관은 공간이 넓기 때문에 학생들이 쉽게 주의력이 흐트러진다. 이런 경우 넓은 공간에서 교사가 큰 소리를 내는 것은 효율적이지 않다. 체육 시간에 사용하는 호루라기 구령에 대해 삐~익(경기 종료를 뜻한다.) 하고 불었을 때, 삐삐삑~(하던 것을 멈춘다.) 하고 세 번 불었을 때, 짧게 삑(경고의 뜻) 하고 한 번 불었을 때 등을 미리 약속해두면 아이들이 교사의 호루라기 소리만 듣고도 금세 집중한다.

넷째, 학생 전체가 경기 규칙을 듣거나, 반드시 지켜야 할 안전사항을 들어야 할 때는 학생들을 설명 대형으로 앉게 한 다음 지도한다. 교사가 학습 내용을 설명하는 시간에는 이 대형을 유지해서 주의 깊게 설명을 듣도록 한다.

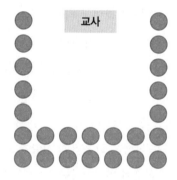

다섯째, 수업의 처음은 준비체조로, 끝은 정리체조로 마무리한다. 만약 근육을 풀어주지 않고 운동을 하면 무리가 올 수 있기 때문에 학생들이 제 실력을 발휘하고 다음의 부상을 예방하기 위해서는 반드시 준비 체조와 스트레칭을 해야 한다. 수업 중에 긴장한 근육을 다시 이완시켜주도록 마무리는 정리체조로 한다. 이 과정이 생략되면 체육 수업 중에 안전사고가 일어나기 쉽다. 반드시 지켜야 하는 과정이다.

여섯째, 안전사고를 예방하기 위해 교사의 지시에 잘 따르도록 한다. 체육 수업에서는 아이들이 움직임이 많아지기 때문에 사고가 일어날 가능성도 크다. 그래서 사고를 예방하기 위해서라도 경기 규칙을 충분히 설명해줘야 하고, 교사의 지시에 반드시 따르도록 반복해서 지도해야 한다. 규칙을 지킬 때 모두가 즐겁고 재미있는 체육 수업이 된다는 것을 학생들이 인식해야 하므로 규칙을 어기는 학생은 타임아웃을 시켜 활동을 멈추게 한다.

일곱째, 교과서의 체육 활동을 충분히 지도한다. 체육은 교과서에 나오는 것만 제대로 가르쳐도 학생들은 기본적인 움직임부터 신체에 대한 이해까지 전부 배울 수 있다. 수업 시간에 이론적인 설명이 필요한 경우는 공책 정리를 하면서 다른 과목처럼 교실에서 가르친다. 아이들에게 교과서에 나오는 각종 구기 종목들의 경기 규칙도 교실에서 수업 시간에 충분히 그 이론을 지도한 다음에 야외에서 경기를 직접 수업하면 지도가 훨씬 쉽다.

음악 시간을 싫어하는 학생은 어떻게 지도해야 할까?

교과서에 나오는 노래는 아이들 생각에 그들이 즐겨 듣는 가요에 비해서 재미도 없을뿐더러 지루하다. 이런 편견 때문에 아이들에게 음악 수업을 재미있게 하는 것은 생각보다 어렵다. 게다가 고학년 남학생들은 변성기이기 때문에 목소리가 이상해서 노래 부르기가 싫고, 여학생들은 교과서 노래가 유치하다고 말한다. 이런 학생들에게도 노래 부르는 것을 즐겁고 신나는 경험으로 남도록 해주어야 한다.

먼저 변성기의 남학생들은 성대를 무리하게 사용하는 것은 좋지 않기 때문에 2부 합창 노래를 가르쳐주고 낮은 음을 부르도록 지도한다. 테너나 바리톤처럼 낮은 음으로 부르는 멋진 동영상을 보여주고 이런 학생들이 노래를 부를 때 열심히 하는 모습을 칭찬해주면 아이들이 자신감을 갖고 오히려 더 열심히 노력하는 모습을 볼 수 있다.

간혹 동요 가사에 희한한 가사를 지어 부르는 아이들을 어떻게 지도해야 하는지 고민해본 적이 있을 것이다. 아이들이 재미있어 하니까 그냥 두어도 된다고 생각할 수 있지만, 이런 경우는 차라리 주제에 맞게 노래 가사 바꿔 부르기 대회를 여는 것이 좋다. 무작정 못하게 할 것이 아니라 할 수 있는 쪽으로 구멍을 틔워주는 것이다.

노래를 부르는 것은 바꿔 말해 노래 속에 담긴 생각에 음을 붙여 소리 낸다는 뜻이다. 곡뿐 아니라 노랫말이 아름답기 때문에 '반달', '고향의 봄'은 많은 이에게 사랑받았다.

이렇듯 동요에는 아이들에게 어울리는 정서가 함께 녹아 있다. 그래서 아이들이 노랫말과 멜로디를 함께 음미하면서 부를 수 있도록 지도해야 한다. 동요는 어릴 때 아니면 그 아름다움을 미처 못 느끼고 지나갈 수도 있다. 아이들에게 아름답고 고운 동요를 가르쳐주면서 노랫말의 아름다움도 함께 느껴보도록 지도해야 한다.

유치해서 싫다는 학생들을 위해서는 다양한 동요를 가르쳐주는 것이 좋다. 이 아이들은 이왕이면 가요처럼 노래에 맞춰 춤도 추고, 박자도 빨랐으면 좋겠다고 생각하며, 그런 것이 아니면 노래가 아니라고 생각하기도 한다. 요즘은 이런 아이들의 취향을 반영해서 동요도 다분히 박자도 빠른 데다가 점음표가 많이 사용된다고 한다. 당김음을 노래에서 쓰지 않으면 아이들에게 외면당한다고 하니, 그야말로 동요도 변화의 흐름을 타고 있는 중이다.

덕분에 동요 가운데서도 신나고 재미있는 노래가 많이 있어 아이들에게 다양한 동요를 자주 들려주고 가르쳐주다 보면 아이들의 반응도 점차 바뀐다. 밝고 경쾌한 동요를 들려주되, 가사의 느낌과 가락의 밝고 아름다움을 함께 느끼도록 지도한다. 정서적으로도 유행가의 저급한 가사나 멜로디는 동요의 서정적인 아름다움을 따라올 수 없다. 이런 부분을 교사가 지도하지 않는다면 아이들에게 동요는 앞으로도 외면당할 수밖에 없을 것이다.

이를 위해서 학기 초에 동요모음집을 만들어 학생들과 함께 노래 가사를 읽고 배워볼 것을 추천한다. 음악을 꼭 전담 교사에게만 맡길 것이 아니라 매 주 한 곡 정도는 동요모음집에 나오는 노래를 함께 배워보고 불러보는 기회를 갖는다면 아이들의 정서 안정뿐 아니라 음악 수업에도 자신감이 붙을 것이다.

악기, 누구나 가르칠 수 있다

평소 악기에 대한 두려움이 많은 학생들은 교과서에서 다루는 악기보다 경험해보지 않은 신선한 악기를 시도하게 하는 것이 좋다. 펜플룻이나 하모니카, 오카리나와 같은 악기는 아이들이 소리 내기가 쉽고 지도하기도 쉽다. 이런 악기들을 학급 특색으로 삼고 1년 동안 꾸준히 지도하면 아이들의 기량이 놀랄 만큼 향상된다.

성실하지 않으면 그 어떤 악기도 익힐 수 없다. 아이들에게 악기를 지도한다는 것은 곧 성실함을 가르친다는 뜻이다. 리코더든 단소든 하나를 정해서 꾸준히 지도하는 것이 중요하다. 그 어느 악기든 악기는 연습시간에 대해 거짓말을 하지 않는다. 도덕 시간에 말로 설명하는 성실보다 음악 시간에 악기로 익히는 성실이 열 배는 낫다.

교사가 악기를 자신 있게 못 다룬다고 해서 걱정할 것 없다. 교사가 모든 곡을 다 연주하고 모든 악기를 다 다룰 수 있다면 좋겠지만 그보다 중요한 것은 지도하는 방법이다.

스스로 피아노를 못 치기 때문에 음악 수업을 할 수 없다고 믿는 교사, 단소를 불 줄 모르기 때문에 단소를 가르치지 않고 넘어갔다는 교사, 어릴 때 악기를 배우지 않았기 때문에 기악합주를 지도할 수 없다고 말하는 교사 등 많은 교사가 음악을 포기하는 사례를 보았다.

▼ 우산초 이현주 선생님의 음악 수업 장면

그러나 음악 수업에서 중요한 것은 아이들을 "지도할 수 있는가?"의 문제이지, "내가 얼마나 잘 연주할 수 있는가?"는 아니다. 도레미파솔라시도 기본음계를 연주할 수 있다면 나머지는 학생들과 함께 연구하고 배워가면서 충분히 지도할 수 있다.

교사가 평소에 얼마나 자신감을 갖고 학생들을 대하냐에 따라 지도하는 태도와 분위기가 달라지고, 수업 기술조차 달라진다. 교사가 먼저 자신감을 갖고 학생들을 리드해가는 능력을 갖춘다면 악기는 다소 자신 없어도 얼마든지 학생들과 함께 발전할 수 있다.

4년차 이현주 선생님의 수업 스토리

4학년 1학기 '퍼프와 재키'로 알토 가락을 익혀 리코더 2중주를 했습니다. 소프라노 가락을 익히듯 알토 가락에도 가사를 지어 리듬을 먼저 익히고, 기초 운지를 연습한 후 모둠별로 리코더 스승-제자 관계를 맺어 연습을 했습니다. 마지막에는 디지털 카메라로 연주 장면을 녹화, 녹음해서 연주의 장단점을 알아보기도 했어요. 평소 이론 수업 시간에 학생별로 수준차가 심한 편이라서 이런 학생들을 어떻게 함께 지도하는지 궁금합니다.

☞ 수준이 높은 학생에게 시범을 보이도록 합니다. 음악 이론 수업은 배워야 하는 내용이 장조에 이름 붙이는 방법, 으뜸음 찾는 방법, 가락 짓는 방법, 계이름 읽기 등의 어느 학년에서나 비슷한 내용을 배웁니다. 그래서 이론은 일정시간을 매주 정해놓고 공책에 함께 정리하면서 똑같이 익히도록 하고, 개별 익힘 시간을 주어 잘 모르는 내용은 잘 아는 학생에게 배우고 함께 확인하도록 합니다. 이론 수업에서도 잘하는 학생이 못하는 학생을 도와서 이끌어주는 것이지요. 음악뿐 아니라 다른 과목에서도 교사가 하나하나 수준을 다 맞추기보다는 서로 잘하는 학생과 못하는 학생이 함께 짝을 맞춰 도와가면서 수업하도록 하는 것이 좋습니다.

미술을 싫어하는 학생들과 어떻게 수업해야 할까?

학생들은 회화에서 물체에 대한 사실성이 중요하다고 여겨지는 때가 오면 대부분 자신이 "그림을 못 그린다"고 생각하게 된다. 보는 것과 그리는 것이 다르다고 느끼기 때문이다. 사물의 실체를 인식하는 능력이 발달하는 시기이므로 당연한 결과다.

이는 특히 고학년 학생들에게 해당되는 것으로 여학생들보다 글씨도 잘 못 쓰고, 정교한 작업에도 미숙한 남학생들이 유난히 더 그렇다. 6학년 남학생이 스스로 그림을 잘 그린다고 말하는 것은 거의 본 일이 없다. 이 시기의 학생들은 대상과 똑같이 그리는 것이 잘 그리는 것이라고 생각하기 때문이다.

그래서 이때의 아이들에게는 사실성에 대한 부담감만 덜어주는 것으로도 충분히 미술에 흥미를 돋울 수 있다. 남과 다른 독창적인 작품을 만들어내되, 견고하고 성실하게 끝마무리를 하도록 하는 것을 중점적으로 지도하면 사실적인 그림을 그리지 못한다는 것에 대한 부담이 줄어들어 미술 수업에도 흥미를 갖고 참여한다.

몇 년 전, 5학년을 가르칠 때 평소 그림에는 소질이 없다고 생각한 남학생들이 디자인 수업을 하고 난 이후에 네일 아트를 주제로 수업을 하자 정말 재미있게 수업에 참여했다. 디자인 수업을 응용한 간단한 네일 아트 수업이었는데도 학생들은 저마다 다른 작품들을 만들어내면서 무척 재미있어했다.

교사가 학생들에게 다양한 창의적인 작품을 시도하는 것이 중요하다고 자주 이야기하고 실제로 회화 중심의 수업보다는 회화를 응용한 창의성 수업을 하는 것이 학생들의 흥미를 이끌어내는 방법이다.

미술 수업을 즐기자!

- 수묵화의 기본을 가르친 다음 종이 부채에 먹으로 그림을 그리고 시를 써보고 채색하는 수업을 하자. 그러면 학생들이 화선지에 직접 그림 그리는 것보다 재미있어 한다.
- 유명한 명화를 감상하고 명화의 포인트만 남겨놓고 나머지는 모두 자유롭게 구성하게 한다.
- 작품을 회화, 만들기, 구성 등 다양한 영역으로 확대해서 산출할 수 있도록 지도한다. 사실적인 회화 못지않게 만들기나 구성, 디자인 역시 학생들에게 익숙해질 수 있다.

송학초 전민영 선생님의 ▶
미술 디자인 수업 장면

송학초 전민영 선생님의 수업 스토리

실제로 초등학교 고학년 아이들에게 점·선·면을 이용하여 추상표현을 하라는 것은 고통과도 같습니다. 그림과 같이 5cm×4cm 크기의 다양한 디자인 도안을 찾은 다음 아이들에게 미리 제시하고 원하는 도안을 선택하게 한 다음 컬러로 인쇄해서 나눠줍니다. 이 도안을 원하는 위치에 붙인 다음 나머지 하얀 부분을 채워가게 하면 학생들이 자유로운 상상 속에서 무한한 창의성을 발휘하게 됩니다.

수업 일기로
수업 성찰하기

7

🔊 수업을 아무리 해도 발전이 없는 것 같고 늘지 않는 것 같습니다. 매번 동영상을 찍어서 수업을 관찰하기도 어려운데 어떻게 해야 할까요?

수업을 하다 보면 내가 하고 있는 수업이 잘하고 있는 것인지 감이 오지 않을 때가 있다. 수업을 아이들이 잘 이해하고 있는 것인지 혹은 내가 준비한 것이 오늘 수업에서 적절한 것이었는지 등을 고민할 때 수업일기를 써볼 것을 추천한다.

책의 앞머리에서 밝혔듯이 신규 교사 때 몇 달 동안 수업안을 매일 하나씩 작성하고, 그에 대한 반성으로 퇴근하기 전 매일 수업일기를 썼던 적이 있다. 당시 수업일기를 쓰면서 내 수업에 대해 스스로 돌아볼 수 있어서 많은 고민을 해결할 수 있었다.

동영상을 찍어서 수업을 보는 것은 자신의 수업을 돌아보는 가장 좋은 방법이다. 동영상을 살펴보면 가슴이 철렁할 만큼 자신의 수업 습관을 볼 수 있다. 내가 평소에 수업 시간에 자주 하는 행동과 버릇, 말투, 어조와 억양까지 모든 것들을 적나라하게 보게 되기 때문이다. 그렇지만 수업을 매일 동영상으로 관찰하는 것은 매우 어렵다. 학교에 수업 분석실과 같은 전문 교실을 마련해놓은 특별한 경우가 아니고는 수업 동영상을 자주 찍고 살피는 것은 간단한 일이 아니다.

그래서 수업에 대한 피드백을 원하는 신규 교사들을 위해 수업일기를 써볼 것을 추천한다. 장치를 준비하고 파일을 만드는 번거로움이 없고, 꾸준히 데이터베이스로 축적할 수 있다는 점에서 수업일기는 수업반성을 위한 가장 쉽고 간편한 방법이다.

수업일기가 보통의 교단일기와 다른 점은 교단일기에 아이들과의 의사소통이나 학급경영에 관련된 부분을 위주로 적는다면, 수업일기는 내가 중점을 두고 준비한 수업에 대한 이야기만을 적는다. 그러므로 모든 수업을 다 적기보다는 한 차시라도 제대로 준비하고 그에 대한 반성을 적는 것이 훨씬 효과적이다.

수업일기 쓰기의 예

수업 주제 : 시를 읽고 느낀 점을 말해보기

수업 흐름

시 감상(전체 활동) – 시에서 재미있는 부분 찾아보기 (개별활동) – 짝과 생각나

누기 (짝활동) - 모둠 친구들과 생각나누기 (모둠활동) - 시에서 느낀 점 발표하기 (전체활동)

수업 반성

읽기 수업에서 시를 읽고 느낀 점 말하기를 했다. 수업 흐름은 전체에서 개별, 짝, 모둠, 다시 전체로 돌아오는 활동을 했는데 아이들이 생각보다 시에 대한 느낌을 말하는 것을 어려워했다.

그래서 처음 계획했을 때는 없던 짝활동을 넣어서 시의 느낌을 말해보도록 하는 과정을 추가해야 했다. 덕분에 의도했던 것보다는 시간이 훌쩍 지나버렸는데, 그래도 다음으로 모둠활동에서 서로 느낌을 돌아가면서 말해보고 왜 그렇게 생각하는지 이야기해보게 하는 모둠 토의 과정을 아이들이 재미있어했고, 순회 중에 살펴본 아이들 표정이 무척 밝았다.

아쉬웠던 것은 교과서 시만을 대상으로 하는 느낌 이야기하기에 치중하였기 때문에 아이들이 다양한 시를 접해볼 기회가 없었다는 것이다. 다음에 시 감상을 할 때는 교과서 시보다 더 좋은 시를 찾아봐야겠다.

2013. 9. 7. 성효샘의 수업 일기

1. 긍정적 보상

아이들이 발표할 때 긍정적으로 칭찬해준 것이 잘했다. 특히 "○○에게 재미있는 표현을 잘 찾았구나"고 말했을 때 표정이 밝았던 것이 인상적이었다. 내일 수업에서도 잘한 발표에는 잊지 말고 꼭 긍정적인 피드백을 해주어야겠다.

2. 질문

아이들에게 시의 느낌을 물어보기 전에 어려운 단어들을 같이 생각해 보게 한 시간이 적절했다. 어떤 뜻이라고 생각하는지 물어본 질문 덕분에 아이들이 어려운 단어들을 스스로 찾아볼 수 있었는데, 이런 질문을 자꾸 던져야겠다.

3. 판서와 자료

특별한 자료를 사용하진 않았다. 그렇지만 중요한 단어와 반복되는 재미있는 표현을 공책에 적어주었다.

4. 특별히 반성해야 할 부분

아이들의 수준을 잘 몰랐던 것 같다. 교과서 시를 그렇게 어려워하는지 미리 알았더라면 좀 더 쉬운 시를 찾았을 것이다. 아이들의 수준을 미리 체크해야겠다.

5. 지난 수업보다 잘한 부분

좀 더 유연하게 수업의 돌발 상황에 대처했다. 아이들의 수준이 생각보다 낮은 걸 느꼈을 때 바로 짝활동으로 돌려서 짝과 같이 이야기해보게 한 것이 지난 수업보다 유연해진 부분이다. 시간을 지키는 것보다 중요한 것은 내가 의도한 수업을 끝까지 지켜가는 힘이라는 생각을 해본다.

좋은 교사를 넘어 위대한 교사로!

돌보는 치자 화분이 하나 있다. 유난히 햇볕을 좋아해서 늘 창가에 놓아야 하고, 바람이 잘 부는 곳에서 키워야 하며, 물을 자주 주어야 하는 등 돌보는 것이 상당히 까다롭지만, 몇 달을 길렀더니 아침에는 치자 화분이 잘 있나 살피는 것이 일과의 시작이 되었다.

아이들을 가르친다는 것은 식물을 돌보는 것과 크게 다르지 않다고 생각한다. 식물마다 물을 주는 시기와 횟수가 다르고, 잘 자라는 환경이 다르듯이 아이들 또한 그렇기 때문이다.

우리가 만나는 아이들은 저마다 좋아하는 과목이 다르고, 생각하는 것, 이루고 싶은 꿈, 그리고 자라온 환경이 다르다. 아이들은 언제나 관심을 갖고 끝없이 들여다봐야 하고, 저마다 좋아하는 것과 싫어하는 것을 이해하고 살펴야 하며, 제각기 성장하는 시기까지 기다려줄 수 있어야 한다.

어떤 식물은 수십 년을 기다려야 꽃을 피운다. 다른 것처럼 해마다 밝고 예쁜 꽃을 피우길 기다리다가는 돌보는 이가 먼저 지쳐버릴 것이다. 가끔은 그런 식물처럼 정말로 교사의 진을 빼게 만드는 아이들도 있다. 그러나 기다리면 어떤 식물이든 꽃을 피워내는 것처럼 아이들도 기다리고 믿어주면 결국 그만큼의 성장을 보여준다.

그렇다면 교사는 어떨까?

교사의 성장과 배움, 그리고 도전은 누구를 위한 것일까? 교사는 자신의 성장을 함께 수업하는 아이들에게, 그리고 교사 자신에게 보여줄 수 있어야 한다. 아이들이 수업을 통해 자라듯이 교사 또한 그렇다.

이 책은 몇 년 전 지도했던 어느 교생이 발령을 받은 후, "수업을 잘 못하겠어요. 너무 힘들어요" 하고 말했던 어느 날 시작되었다. 처음엔 새내기 교사니 당연한 고민이라고 생각했지만, 교단에 갓 발령받은 새내기 교사들을 만날 때마다 듣게 되는 한결 같은 고민에서 이 부분을 어떻게든 돕고 싶다고 생각했다. 일종의 실습 추수지도 차원에서 시작한 새내기 교사와의 고민 상담은 꾸준히 이어졌고 그에 대한 코칭을 하면서 나 역시 더욱 성장할 수 있었다. 그들을 돕는 것이 곧 나를 돕는 시간이었다.

교사로서 살아온 지난 16년을 돌아보면 참으로 우여곡절이 많다. 원하는 만큼 수업이 되지 않아 속상했던 적도 많고, 때론 아이들과의 마찰로 힘든 날도 있었다. 그러나 돌아보건대 분명한 것은 내가 만난 아이들이 나를 통해 자랐던 것처럼 교사인 나도 꾸준히 성장하고 있었다는 것이다.

마찬가지로 이 책이 교사들의 수업에서의 성장에 도움이 되기를 간절히 소망한다. 그리고 책을 통해 함께 고민하고 나누는, 그리고 도전하는 시간들이 되길 바란다. 선생님들이 함께 성장하고 나누는 시간만큼 우리 아이들 역시 함께 나아가기 때문이다.

우리는 교사가 되는 것을 선택한 순간 두 가지 길의 갈래에 놓인다. 어제와 같은 오늘이 기다리는 쉬운 길로 갈 것인가, 어제보다 조금 나아진 오늘이 기다리는 어려운 길로 갈 것인가. 바로 이 두 가지다. 남이 선택하지 않는 길로 가는 것은 분명 불편하고 피곤한 일이다.

그렇지만 최고의 교사는 그런 어려운 길에서만 탄생한다. 매일 수업에 대한 치열한 고민과 반성, 그리고 자신에 대한 꾸준한 성찰만이 최고의 교사를 만든다. 그리고 최고의 교사를 넘어서는 위대한 교사는 그러한 길을 묵묵히 가는 교사들 가운데서만 나온다.

최고의 교사는 최선의 노력에서 태어나고, 아이들을 위한 헌신과 노력을 통해 성장한다. 다른 무엇도 아닌 아이들과의 좋은 수업으로 자신을 말하는 교사, 그가 바로 내가 생각하는 위대한 교사다. 이제 좋은 교사를 넘어 위대한 교사로 가는 길을 선생님들의 수업에서 스스로 찾아내길 진심으로 바란다.

책이 나오기까지 정말 많은 분들의 협조가 있었다. 아낌없는 조언과 격려를 해주시고, 필요한 부분은 감수를 해준 고마운 분들 덕분에 책이 세상의 빛을 보게 됐다. 진심으로 감사하다. 인터뷰를 해준 후배 선생님들 모두에게도 다시 한 번 애정과 감사를 보낸다. 마주 앉아 그들의 빛나는 눈동자를 들여다볼 수 있어서 얼마나 행복했는지 모른다. 몇 번을 다시 떠올려도 기분 좋은 시간이다. 그들의 필요에 의해서 시작된 책이고, 동시에 그들의 도움으로 쓰인 책이다.

또한 나와 늘 함께 하는 선한샘 연구회원들에게도 특별한 사랑을 전한다. 때로는 동료고, 때로는 후배이고 때로는 친구이고 응원군인 그들을 생각하면 항상 든든하다.

중간에 심한 슬럼프로 모든 일을 내려놓고 싶었던 날, "사람은 늘 조금씩 성장하는 나무와 같으니 어떤 순간에도 자신을 낮추지 말라"고 말하였던 나의 멘토에게 특히 감사를 전하고 싶다. 그 말씀 하나로 여기까지 왔음을 고백한다.

책을 쓰는 동안 수없이 많은 날을 집 앞의 밤바다를 보며 새벽공기를 마셨다. 나무에 새순이 돋을 때 시작한 원고가 나뭇잎이 꽃처럼 변해가는 시절에서야 겨우 끝을 볼 수 있었다. 낮에는 아이들을 가르치고 밤에는 자판을 두드리는 일상이었기에 힘들었고 고단했지만 진정 행복하고 기쁜 시간이었다.

바쁜 엄마를 이해하고 사랑해주는 어린 두 딸과 나의 비전을 알고 격려해준 남편에게, 그리고 이 땅의 심장이 뜨거운 선생님들에게 이 책을 바친다. 끝으로 한없이 부족하지만 책을 세상에 내놓기까지 필요했던 많은 용기와 글쓰기에 대한 소망을 주신 하나님께 모든 영광과 감사를 돌린다.

새벽을 깨우는 소리를 들으며, 김성효

최고의 교사는 최고의 수업으로 말한다!!

아이가 성장할 때 부모는 무엇을 읽어야 할까?

조일전쟁을 승리로 이끈 이순신의 사람들

이순신 파워인맥 33

제장명 지음| 15,000원

'조일전쟁'을 승리로 이끈 이순신의 사람들 중에는 어떤 사람들이 있을까? 이 책에서는 이순신의 사람들 중 33명을 재조명하고 있다. 이순신의 최측근인 5명을 가장 먼저 소개하고 있는데, 이순신의 **핵심 지휘관**으로 정운, 권준, 어영담, 이순신(일부), 배흥립이 있다. 이순신과 함께 **전략/전술**을 함께 만든 유형, 송희립, 배경남을 소개하고 있다. 해전을 승리로 이끌기 위해서는 **전선 및 무기**를 담당한 사람들도 필요한데, 이런 역할을 한 사람이 나대용, 이언량, 정사준, 이봉수다.

한국 역사 인물을 통해 본 인문학 공부법

조선의 선비들, 인문학을 말하다

김봉규 지음 | 15,000원

인문학에 대한 관심이 그 어느 때보다 높아지고 있다. 주체적인 삶에 대한 열망이 갈수록 강해지고, 느림의 미학이 여전히 설득력을 얻고 있으며, 위로의 메시지가 사람들의 가슴을 적시고 있다. 물질적으로는 풍요하지만 정신적으로는 빈곤한 삶 속에서 느끼는 가치관의 혼란으로 인해 '어떻게 살 것인가?'를 고민하며 그 해답을 찾고자 하는 이들이 늘고 있다. 이 책은 한국 역사 인물을 통해 본 인문학 공부법으로 '어떻게 살 것인가'에 대한 답을 제시한다.

교사와 학부모를 위한 스토리텔링 교수법

스토리텔링 멘토링

조정래 지음 | 15,800원

교육계의 키워드로 **스토리텔링**이 뜨고 있다. 교육과학기술부에서는 수학 교육 선진화 방안으로 **스토리텔링 수학**을 강조한다. 이 책은 스토리텔링 교육법이 학생들의 상상력과 창의력 개발, 학생들의 자기 발견과 자기 혁신의 가장 실효성 높은 방안임을 설명하고, 스토리텔링의 교육적 활용을 위해 구체적이고 실제적인 지도 방법과 프로그램을 교사와 학부모, 청소년지도자들에게 제시하고 있다.

행복한 교실을 디자인하기 위한 '학급 경영 멘토링'의 모든 것

학급 경영 멘토링

김성효 지음 | 14,800원

이 책은 함께 하는 교육 공동체를 위해 고민하는 교사들을 위한 학급 경영 멘토링 역할을 하고 있다. 학급을 자신만의 스토리로 디자인하는 학급 경영 철학 세우기부터 스스로 정한 약속은 끝까지 지키는 자세를 길러주는 생활지도, 학급 구성원 모두가 함께하는 공동체 역량을 키워가는 즐거움을 제시하고 있다. 또한, 최고의 수업을 만드는 키워드, 학부모에게 다가서기 위한 전략 등 학급 경영과 관련된 모든 노하우를 친절하게 알려준다.

수학이 우리 아이의 꿈을 방해하지 않도록!

스토리텔링 수학에 강한 수학 공부법은 따로 있다!

엄마는 답답하고 아이는 모르는 초등수학 개념사전 62

조안호 지음 | 14,800원

초등학교 저학년 때는 수학 점수가 잘 나와서 걱정을 하지 않았지만, 고학년이 되면 어려워지는 수학 앞에서 엄마도 아이도 속수무책이다. 이 책은 이렇게 답답한 엄마들을 위해 나온 '가르치는 사람을 위한 책'이다. 더 이상 쉽게 가르쳐 줄 수 없을 만큼 쉬운 방법으로 가르치는데도 이해하지 못한다고 하소연하는 엄마들을 만나면서 저자는 초등수학의 개념을 심플하게 정리했다.

여러 권의 문제집보다 한 권의 문제집을 여러 번 풀어라!

상위1% 아이를 만드는 초등 수학 만점 공부법

조안호 지음 | 13,800원

수학의 기초가 필요한 1, 2학년부터 수학이 흔들리기 시작하는 5, 6학년까지 어떻게 가르쳐야 할 것인지에 대해 문제의 예시를 통해 구체적으로 가르쳐 주고 있다. '수학 잘하려면 이렇게 하는 것이 효율적이다'는 막연한 지침서가 아니라 '수학 잘 하려면 이런 문제를 이렇게 설명해 주어라' 하고 구체적인 실천 로드맵을 알려주고 있다.

초등학교부터 고등학교까지 연결되는 개념이 이 책 한 권에 있다!

중학수학 개념사전 92

조안호 지음 | 14,800원

초등학교부터 고등학교까지 필요한 '수'에 대한 개념을 쉽게 풀어썼다. 혹, [중학수학 만점 공부법]보다 어려워질까 봐 어려운 내용을 대화체로 풀어 쉽게 이해할 수 있도록 구성했으며, 쉽게 찾아볼 수 있도록 목차를 사전형식으로 구성해 누가 봐도 부담스럽지 않은 것이 이 책의 가장 큰 매력이다.

개념 없이 문제만 풀면 고등수학에서 망한다!

학원에서도 알려주지 않는 중학 수학 만점 공부법

조안호 지음 | 14,800원

수학을 포기하는 시점이 대부분 중학교부터다. 그것은 제대로 개념을 잡지 않고 문제집만 풀었기 때문이다. 중학교 수학은 어렵지 않았지만 고등수학에서는 그 바닥이 드러나게 되는 것으로, 이 책은 중학수학을 어떻게 잡아야 할 것인가를 알려주는 수학 공부법에 관련된 책이다.